Os últimos passos de um vencedor

José Roberto Burnier

Os últimos passos de um vencedor

Entre a vida e a morte,
o José Alencar que conheci

EDITORA GLOBO

Copyright © 2011 by Editora Globo S.A. para a presente edição
Copyright © 2011 by José Roberto Burnier

Todos os direitos reservados. Nenhuma parte desta edição pode ser utilizada ou reproduzida - por qualquer meio ou forma, seja mecânico ou eletrônico, fotocópia, gravação etc. - nem apropriada ou estocada em sistema de banco de dados sem a expressa autorização da editora.

Texto fixado conforme as regras do novo Acordo Ortográfico da Língua Portuguesa
(Decreto Legislativo nº 54, de 1995)

Pesquisa e texto de orelha: Patricia Carvalho

Revisão: Josie Rogero
Diagramação: Marcia Marques / Casa de Ideias
Capa: Daniel Rampazzo / Casa de Ideias
Foto da capa: Aluizio de Assis
Foto da orelha: Zé Paulo Cardeal / acervo TV Globo

1ª edição, 2011
3ª reimpressão

Dados Internacionais de Catalogação na Publicação (CIP)
(Câmara Brasileira do Livro, SP, Brasil)

Burnier, José Roberto
Os últimos passos de um vencedor: entre a vida e a morte, o José Alencar que conheci/José Roberto Burnier. – São Paulo: GLOBO, 2011

ISBN: 978-85-250-5019-9

1. Alencar, José, 1931-2011 2. Políticos – Brasil – Biografia I. Título.

11-08310   CDD-324.2092

Índices para catálogo sistemático:
1. Políticos brasileiros: Biografia e obras   324.2092

Direitos de edição em língua portuguesa para o Brasil
adquiridos por Editora Globo S.A.
Av. Jaguaré, 1485 – 05346-902 – São Paulo – SP
www.globolivros.com.br

*Aos amores da minha vida,
Rubia, Julia e Olívia.*

Obrigado

Este livro não existiria não fosse a confiança da Direção de Jornalismo da Rede Globo de Televisão no meu trabalho de apuração e veiculação de informações exclusivas sobre a luta de José Alencar pela vida. A decisão de botar no ar notícias que só mais tarde seriam confirmadas oficialmente nunca foi fácil, ainda mais se tratando do maior e mais importante veículo de comunicação do país.

Por isso, agradeço, em primeiro lugar, aos diretores Carlos Henrique Schroder e Ali Kamel, por me proporcionarem essa cobertura, que abriu as portas para o que a seguir está escrito.

O mesmo reconheço em relação aos meus chefes imediatos Cristina Piasentini, Mariano Boni e Walter Mesquita, pela paciência e pela solidariedade na busca de tempo para registrar, em letras, o que meus olhos viram.

Faço questão de agradecer também aos meus colegas editores, produtores, técnicos e repórteres cinematográficos, que me ajudaram a manter confidenciais informações que, em certos momentos, não podiam ser veiculadas.

Rubia, minha cúmplice e meu amor, que me corrigiu e apontou caminhos, me deu o que mais precisei ao escrever: olhos críticos e certeiros. Julia e Olívia, meus frutos preciosos, foram ouvidos pacientes e reveladores.

Patricia Carvalho, que assina a pesquisa, foi minha parceira e estimuladora desde o início. Com entusiasmo, turbinou minha coragem para realizar um projeto tão difícil, um dos maiores desafios de minha vida. Patricia, foi um privilégio tê-la ao meu lado.

Agradeço de maneira muito destacada à equipe médica, aos enfermeiros, funcionários e à direção do hospital Sírio-Libanês. Aprendi muito com eles. Em especial com o cardiologista Roberto Kalil Filho, que sempre me orientou, ora a avançar, ora a recuar. Foi um grande colaborador e é um grande amigo.

Não posso deixar de mencionar a ajuda que recebi de uma pessoa simples, correta, eficiente e de uma fidelidade a qualquer prova. Adriano Silva, que trabalhou com o protagonista deste livro por mais de trinta anos, me ajudou a conhecer o lado mais íntimo de Alencar. Impossível não admirar e ficar amigo desse mineiro clássico, reservado, grande observador e de memória impecável.

Por fim, agradeço à família de Alencar, aos filhos Maria da Graça, Patrícia e Josué. E aos parentes e amigos dos Gomes da Silva na região da Zona da Mata mineira, que me receberam com a tradicional hospitalidade de Minas Gerais.

Da mesma maneira que me encantei com o personagem Zezé, apaixonei-me pela figura de uma mulher humilde e forte: dona Mariza tem o mesmo apego pela vida que teve seu companheiro por 53 anos.

Não por acaso, deixo aqui registradas uma constatação e uma frustração. Alencar sempre foi verdadeiro comigo. Riu, chorou, deu bronca, afagou. Mostrou-me, enfim, a imagem mais próxima possível do personagem Zezé, um homem simples, de caráter, de defeitos e de talentos. Mas o que eu tanto queria não foi possível: Alencar, que se encantou e de maneira comovente colaborou para este livro, não leu o que eu escrevi.

Você, Alencar, que me chamava de irmão e que uma vez me disse que a doença o fez um homem melhor, tenha certeza de que irmão é você e de que foi sua história que me fez uma pessoa melhor.

Muito obrigado.

Sumário

Prefácio 13
Apresentação 17

O fim 21
O começo do fim 27
O inimigo 33
Arrasa quarteirão 45
O vencedor 49
Zezé 57
Sem trégua 61
Vida vai, vida vem 71
A origem 75
A pobreza 79
O leite ferrado 87
A vigia 89
A vitória 91
No Jaburu 95

Amigos *101*
Gênese do sucesso *107*
O respeito *111*
O empresário *117*
Zé 55 .... *125*
O frio *129*
O talento *133*
Ganhos e perdas *139*
Prosperidade *147*
Orgulho *151*
O último alívio *157*
O colosso *165*
A morte *173*
Justiça *179*
O cobertor encurta *183*
O voo *189*
Derrotas e vitórias *201*
O infarto e o traslado *213*
Falar é preciso *217*
A fuga *223*
Visitas *227*
Aceitação *233*
Voltar *237*

Prefácio

ESTA É A HISTÓRIA de uma grande amizade que nasceu com os dias contados.

Escrevo essa primeira frase do prefácio ainda sob a emoção da leitura dos originais. A releitura, uma semana depois, revelou o que considero a síntese deste livro: é o resultado feliz de uma relação de confiança muito rara entre uma autoridade e um jornalista.

Por cinco anos, o vice-presidente José Alencar Gomes da Silva e o repórter José Roberto Burnier tiveram uma convivência forçada pelo compromisso de ambos com a guerra particular contra um inimigo imbatível.

De um lado, na condição de guerreiro e de vítima, Alencar decidiu expor publicamente sua luta contra um câncer dos mais agressivos, de incidência rara e nome feio, o histiosarcoma. De outro, por acompanhá-lo de perto nos momentos dos combates mais duros, Burnier conquistou a condição de repórter titular da TV Globo para a cobertura da saga do vice-presidente. Impressionaram o rigor e a clareza dos dois em seus papéis, focados na missão de contar tudo para o público.

Os jargões de guerra aqui se justificam. Alencar foi submetido a dezoito cirurgias de alto risco para a retirada de dezenas de tumores ferozes. Em apenas uma das operações, chamada de "arrasa quarteirão", o abdômen ficou aberto por dezoito horas para a retirada de dezessete tumores.

Num vaivém contínuo aos hospitais, por escolha própria sempre para os tratamentos mais radicais, Alencar passou pelo processo de mutilação de órgãos vitais atacados pela doença. Perdeu a próstata, um dos rins, três quartos do estômago e um pedaço do canal urinário.

Mas nas reportagens e nos boletins que Burnier transmitiu ao vivo do hospital Sírio-Libanês, em São Paulo, o destaque foi a busca sem trégua de Alencar por procedimentos médicos tradicionais e alternativos para manter-se vivo. Os brasileiros se habituaram a assistir pela TV às notícias extraordinárias sobre o tratamento, uma das mais longas coberturas jornalísticas de Burnier. E agora, aqui no livro, terão as revelações dos bastidores, a começar pelo envolvimento explícito do repórter com o sofrimento da autoridade.

Nos momentos das batalhas mais difíceis contra o sarcoma, Burnier torceu e rezou. E, a cada derrota, sua admiração pela garra de Alencar cresceu. A capacidade de recuperação dele foi encarada como uma lição de vida, assim como a coragem de expor seus momentos íntimos de constrangimento e de dor, sem perder a integridade. A angústia e a incerteza dos parentes também abalaram o repórter, que, por vezes, trabalhou com os olhos marejados. Mas as emoções não o fizeram desviar de sua missão profissional.

A conquista do acesso livre aos corredores do hospital, às salas da UTI e aos consultórios levou Burnier a testemunhar decisões importantes do tratamento, inclusive crises da equipe. Uma das revelações deste livro é uma briga que levou ao rompimento da relação profissional de dois dos principais médicos que cuidaram de Alencar.

Há outras descobertas de Burnier que, naturalmente, não vou revelar aqui. Só darei a pista de uma delas: você sabia que, no último encontro de Alencar com o presidente Luiz Inácio Lula da Silva, sua quimioterapia foi interrompida para um brinde — um "golo" — nada terapêutico?

Por fim, a razão mais forte para eu recomendar a leitura deste livro está na sua origem. A inspiração veio das entrevistas gravadas nos palácios, nos hospitais, nas casas de parentes e amigos. Em alguns desses momentos, Burnier percebeu que Alencar se encheu de boas energias ao falar de seu passado, renovando, assim, as forças para enfrentar o invencível sarcoma.

O livro nasceu dessa "terapêutica dos depoimentos" para um homem com desejo e urgência de falar. Uma das virtudes do bom repórter está na arte de saber ouvir, uma prática que virou rotina para Burnier na fase terminal da doença de Alencar. Esse interesse comum se transformou num exercício de ativação da memória. E os dois correram unidos contra o tempo.

Na pesquisa sobre o passado, Burnier, naquela altura já amigo declarado de Alencar, que o chamava de "irmão", descobriu afinidades profissionais entre os dois, homens de vida e atividades tão diferentes.

Desde a infância humilde, vivida na roça, Alencar foi um fora de série, alguém que se destacou pela busca constante de oportunidades e pelas passadas ligeiras no caminho. Enquanto as pessoas andavam em média a seis quilômetros por hora, ele percorria a mesma distância na metade do tempo. Nesse ritmo acelerado, aos quinze anos ele virou vendedor de tecidos; aos dezoito adquiriu a primeira lojinha, e na juventude, inspirado pelo pai, assumiu uma vida itinerante. Mudou de cidade para cidade, adquirindo lojas para formar uma rede nacional e, mais tarde, um poderoso grupo industrial, hoje com 15 mil funcionários.

Esses exercícios de lembrança sobre seu sucesso profissional fizeram-no descobrir uma lacuna: Alencar não teve tempo para formar também uma poderosa rede de amizades permanentes. Ele tinha um talento especial para fazer novos amigos e involuntariamente se afastar deles. "Criava raízes com a mesma rapidez que as arrancava", escreveu Burnier. Nada diferente da nossa vida de repórter.

Ao escrever *Os últimos passos de um vencedor*, Burnier cumpriu um compromisso e prestou uma bela homenagem ao seu amigo de dias contados.

Caco Barcellos
São Paulo, agosto de 2011

Apresentação

Nunca foi tão fácil, nunca foi tão difícil. Escrever este livro foi uma experiência bipolar. Ora vinha um sofrimento profundo, ora uma euforia revigorante. Foi na tarde de uma sexta-feira, no verão de 2009, que meus olhos começaram a virar letras.

Uma cidade apressada, ansiosa, angustiada passava à minha frente pelo vidro do carro, que cortava as ruas do bairro dos Jardins em direção à zona sul de São Paulo. O que minhas retinas registravam não era o que eu via. Na minha cabeça fervilhavam imagens desconexas de um garoto de pé no chão, no meio da roça, e de um homem de sucesso rodeado de gente importante.

O que eu acabara de ouvir havia me atingido fundo na alma. Foi a primeira entrevista de José Alencar depois da mais longa e perigosa cirurgia a que se submeteu na luta contra o câncer no abdômen. As revelações sobre a vida e a morte, naquele momento divididas por um fio, hipnotizaram meu coração. Com olhos cada vez mais marejados, um homem de modos simples, de fala mansa e educada me ensinava que resignação só diante da vontade de Deus. Debilitado, com o abdômen rasgado por mais de uma dezena de cirurgias, ele seguia lutando, aos 77 anos.

Quando a entrevista foi ao ar, no *Fantástico*, a hipnose se espalhou. E minha cabeça girou. Perto das histórias que aquele lutador deveria ter, a entrevista era muito pouco. De novo, meus olhos estavam abertos por mero acaso. Imagens fictícias daquele personagem aceleravam meu fluxo sanguíneo. Só despertei quando encontrei minha colega Patricia Carvalho na redação da TV Globo: "Preciso falar com você", ela disparou, antes mesmo de me alcançar. O brilho nos olhos dela se parecia com aquele que havia nos meus. E o que me veio à cabeça saiu pela voz dela: "Por que você não escreve um livro sobre o Zé Alencar? O homem tem uma história incrível e você tem convivido tanto com ele...". Meu coração disparou de novo. Puxei-a pelo braço e a levei para uma conversa a sós: "Acho que nossos planetas se alinharam, Patricia. Eu estava justamente pensando nisso. E você nem imagina o que eu acabo de ouvir dele".

Contei sobre como a entrevista tinha me atingido. Foram duas horas de conversa que me impressionaram e sete minutos no ar que emocionaram o país. Na minha cabeça, um misto de perplexidade e encantamento. Alencar me contara pouco, mas o suficiente para me fisgar.

Que força mental era aquela? Essa característica de personalidade dava sinais de ter acompanhado Alencar desde cedo na vida, e isso me intrigava. Eu precisava investigar melhor, "puxar a língua" dele, como se diz quando se quer obter informações de alguém.

Três semanas depois da entrevista, Alencar me recebeu no escritório do prédio do Banco do Brasil, em São Paulo. Ainda parecia um pouco abatido, mas estava ali, assumindo sua responsabilidade constitucional de presidente interino, fazendo o que sempre gostou: trabalhar. Sentei-me diante dele.

— Presidente, o senhor precisa contar a sua história, precisa deixar isso registrado. E eu quero escrever sua biografia.

O homem curvado arrumou as costas e disparou:

— Você já escreveu algum livro?

A pergunta pareceu um xeque-mate.

— Não. — Veio um silêncio que parecia não ter fim. Senti minhas têmporas pulsarem. E a ansiedade venceu minha resistência. — Presidente, não tenha pressa em responder. Pense, converse com sua família.

Percebi nele um olhar diferente, parecia perturbado com a proposta. A dúvida era natural, mas o que surgiu foi algo mais profundo. Saí da sala com a intuição de ter fisgado um confidente.

A resposta veio poucos dias antes de os médicos descobrirem que o sarcoma tinha dado o ar da graça de novo. Alencar mostrava-se excitado com o livro: "Vamos em frente! Temos muito a fazer!".

Comemorei a notícia com minhas cúmplices: minha mulher e minhas duas filhas. Quando a euforia passou, sobrou o choque da realidade. Quanto mais eu imaginava o que teria pela frente, mais aparecia o que fazer. Convidei minha colega de entusiasmo Patricia Carvalho para me ajudar na pesquisa.

A primeira tarefa: correr. Afinal, dias depois, descobri, num telefonema de rotina para os médicos, que o sarcoma havia reaparecido. Mais quimioterapias, mais reações adversas, e menos tempo para "puxar a língua" dele. Vieram obstruções intestinais, novas internações, cirurgias, riscos, rezas, e nada de depoimentos. Mas, como ele, mantive a fé.

Quando o tratamento americano fracassou, muita gente ao redor jogou a toalha. "É como se tivesse estourado uma granada na barriga e espalhado estilhaço para todo lado. A gente abre, tira o que dá, mas depois aparece em outro lugar", me disse um médico. "Não sei se chega até o aniversário", disse outro, três meses antes de Alencar completar 77 anos.

Vivi um dilema terrível. Tinha que respeitar o momento do vice-presidente, mas também não podia deixar o projeto escorrer entre meus dedos. Marcamos e desmarcamos a conversa inúmeras vezes.

Na porta do hospital, a pressão era enorme dos dois lados. Um dia, esgotado mentalmente, me rendi: "Não vai dar...". Pois eu devia ter convivido mais com José Alencar.

Revigorado, só Deus sabe como, ele me encontrou mais uma vez na entrada do hospital e disse: "Vamos voltar à quimioterapia tradicional. Há novos medicamentos. Nada de jogar a toalha. Nunca vou deixar de ter esperança".

Aprendi o que era ter fé, o que era ter força mental. Entre um tratamento e outro, o homem falou sobre si. O que ouvi é o que vem a seguir.

O fim

Passam das sete da manhã de terça-feira, 29 de março de 2011. O líquido incolor carregado de morfina começa sua pequena jornada entre a bolsa pendurada no suporte e o cateter instalado no peito, acima do mamilo direito. Pouco mais de um metro e a droga entra no átrio direito do coração. Passa para o ventrículo direito, alcança o pulmão, volta ao coração pelo átrio esquerdo, e o ventrículo daquele lado empurra o sangue oxigenado e embriagado de morfina para todo o corpo. Ao chegar ao fígado, a droga se torna ativa. Pega carona na circulação e atinge o cérebro. Em menos de cinco minutos, o comandante do corpo humano perde grande parte de sua atividade. Mu e Kappa, os receptores cerebrais da morfina, "abrem" suas portas, e o paciente perde a sensação da dor. Nesse momento, José Alencar Gomes da Silva foi desligado do mundo. Para sempre.

No quarto, médicos, enfermeiros, a família e o silêncio. Se o sonho é mesmo a projeção de desejos em imagens desconexas, então Alencar estava entregue a ele. Entre espasmos de sinapses, provavelmente uma imagem apareceu: a de seu neto Davi, uma das grandes paixões daquele homem.

Certa vez, numa ousadia minha, perguntei o que ele gostaria de fazer se tivesse mais tempo de vida. Alencar levantou os olhos tristes e disparou, sem pestanejar: "Queria ver meu neto crescer, se educar, se desenvolver".

Enquanto Alencar possivelmente se deleitava com seus desejos, sua respiração ficava mais difícil. Em vez de inspirar e expirar vinte vezes por minuto, conseguia só dez. E, para isso, arfava fundo, fazia força para buscar ar. Assustada, dona Mariza, companheira inseparável por 53 anos, chamava os enfermeiros a todo momento. Quem vinha era a Dra. Ludmila Hajjar, cardiologista e intensivista. Alencar gostava muito dela e deixou isso claro certa vez, na frente dos colegas: "Se tiver que escolher entre vocês, fico com ela".

A médica sabia bem o que estava ocorrendo. A morfina, injetada de forma contínua, produz a chamada angústia respiratória. Além de provocar analgesia e sedação, ela leva a uma depressão da respiração que pode terminar num colapso cardiovascular. São as reações finais de um paciente terminal. No monitor, acima da cama e do lado esquerdo, o coração batia cada vez mais lento. Ao redor, os corações batiam cada vez mais rápidos. Josué, o caçula de três filhos, voltara ao hospital naquela manhã ainda com um restinho de esperança. "Muitas vezes papai foi dado como desenganado e, no dia seguinte, acordava. Sabia que a situação era crítica, mas, no fundo, acreditava que ele pudesse escapar da morte mais uma vez."

Perto do meio-dia, os olhos estavam mais voltados para os monitores do que para Alencar. Os meus, inclusive. Havia um instalado do lado de fora do boxe 27 da UTI, onde eu estava junto com os enfermeiros. Vi e me angustiei. A pressão estava cinco por três, ou seja, o coração estava parando. Saí com um nó na garganta. Tinha que me preparar para entrar ao vivo no *Jornal Hoje*. Mais do que isso, tinha que me controlar.

Lá fora, junto com meus colegas da TV Globo, meus olhos estavam marejados. Lá em cima, o monitor, que não saía da minha cabeça, já mostrava uma pressão em queda livre. Quatro por dois, três por um. Dei a informação, expliquei o que significava e, depois, liguei para Mariano Boni, chefe de redação da Globo em São Paulo: "Prepare o esquema do plantão. Não vai demorar". "Já está pronto. Vamos na sua", respondeu ele.

Voltei ao saguão. Afundei-me numa poltrona e fiquei olhando de longe a agitação dos meus colegas na porta do hospital. Nunca havia visto tantos jornalistas e técnicos naquele lugar. Lembrei-me dos vários dias que passei ali, sozinho, buscando informações, correndo atrás de médicos, enfermeiros, seguranças e da família de Alencar. Gente de quem fiquei muito próximo depois de cinco anos de convivência. Meu coração apertou quando surgiram imagens na minha cabeça das vezes em que Alencar entrou preocupado e saiu sorrindo, e de suas lições de coragem e otimismo.

Eu estava inebriado com minhas lembranças quando, de repente, vi o cardiologista Roberto Kalil Filho cruzando o saguão feito um raio. Dei um pulo da poltrona e comecei a segui-lo. Entramos no elevador. O médico estava nervoso, ao celular. Ele desligou e eu disparei: "O que houve, Kalil?". "Acho que aconteceu. Não tenho certeza", respondeu ele. A porta se abriu no segundo andar, onde fica a UTI cardiológica. A passos largos, atravessamos a sala de espera e a primeira porta com controle de entrada. Viramos à direita e parei na segunda porta. "Te espero aqui fora, Kalil."

Com o tempo, aprendi a circular pelo hospital. Tinha livre acesso, mas não abusava. Nunca entrei na UTI sem autorização da família.

Não deu um minuto, e Kalil voltou. Botou meio corpo para fora da porta e me disse: "Faleceu! Faleceu!".

Olhei para o supervisor da segurança do hospital Sírio-Libanês, que entrara conosco e também ouvira a notícia. "Onde está a escada?", perguntei. "Aqui à esquerda."

Eram três lances. Ao descer os primeiros degraus, peguei o rádio e chamei meu chefe: "Mariano, o Alencar acabou de morrer. Avise à Fátima [Bernardes]. Estou descendo dois lances de escada e vou para o link". "Ok. Corre lá!"

Meus pés se moviam com rapidez. Num dos lances, parei e disse ao segurança, meu velho conhecido: "Meu caro, por favor não diga nada a ninguém. Vamos atravessar aquele saguão andando calmamente. Pode ser?". "Claro, Sr. Burnier."

Conhecia bem os labirintos do hospital. Alcançamos o térreo e diminuímos o ritmo das passadas. Com um olhar, despedi-me dele. Meu coração disparou ao me aproximar da porta, do batalhão de jornalistas. "Tenho que ser discreto, tenho que passar quase despercebido", repetia na minha cabeça.

Meus colegas sabiam do meu livre acesso ao hospital, aos médicos e à família. Era só eu me mover para alguns deles não tirarem os olhos de mim. A maioria sempre encarou aquilo como direito adquirido pelo meu trabalho. Mas uma vez me irritei com uma colega concorrente. Eu acabara de entrar ao vivo, ao lado dela, com informações exclusivas. Ela ouviu tudo e entrou no ar, em seguida, quase repetindo o meu texto, dando a impressão de que ela tinha conseguido tudo aquilo. Naquele momento, olhei para ela furioso, mas não disse nada. Chamei minha equipe e avisei que, daquele dia em diante, faríamos nossas entradas ao vivo da calçada, longe de todos.

Quando a porta automática se abriu, olhei para baixo, peguei o celular e continuei caminhando lentamente. Cheguei ao ponto do link, pisquei para meu repórter cinematográfico e disse: "Marcão, vamos fazer uma entrada".

Experiente e parceiro de muitos anos, Marco Antonio Gonçalves entendeu na hora. Sem estardalhaço, orientou a equipe e deixou tudo pronto. Pus o fone de ouvido do meu retorno, peguei o microfone e disse, baixinho: "Vamos gente! Interrompe logo a programação!".

"Cinco anos em um minuto", foi o que me ocorreu. Não podia perder aquele furo. Na minha cabeça, apenas a primeira frase do que eu ia dizer. O resto viria de improviso. Decidi fazer assim para que o resultado fosse o mais espontâneo possível.

De repente, ouvi a vinheta do plantão. Fátima Bernardes deu a notícia e me chamou. Duplamente emocionado, contei tudo o que sabia:

"Agora são 14h50. Há exatamente cinco minutos, o coração do ex-vice-presidente José Alencar parou de bater. Termina assim uma agonia de mais de treze anos de luta contra tumores e de quase cinco anos de luta contra esse tumor no abdômen. A frequência cardíaca de José Alencar já vinha caindo durante a madrugada. À noite, ele foi sedado para que não sentisse dor —

afinal de contas, ele chegou aqui com muitas dores —, mas acabou não resistindo. Houve uma falência múltipla dos órgãos, o organismo foi se deteriorando, os parâmetros médicos que são usados para avaliar o estado de saúde de um paciente foram caindo abruptamente, a pressão dele caiu e o coração acabou parando. Neste momento na UTI estão os familiares, a mulher, os filhos, os netos. Ainda não há qualquer informação sobre onde será o velório. É uma luta. José Alencar foi um guerreiro, todo mundo sabe, ele sempre disse que iria continuar lutando, mas, infelizmente, essa doença, o sarcoma, acabou vencendo."

O normal seria eu comemorar ao final do plantão. Mas, pela primeira vez, o feito jornalístico deu lugar à tristeza. Uma senhora que estava ao lado me disse: "Sei quanto deve ter sido difícil para você dar essa notícia...".

O rádio e o celular começaram a tocar sem parar. Eram meus chefes, meus colegas, meus amigos me parabenizando. Agradeci, olhei para o hospital e suspirei. "Acabou", disse a mim mesmo.

O começo do fim

Até os 66 anos, José Alencar só havia ido ao hospital para visitar parentes e amigos. Como protagonista, não passara nem perto. Nunca tinha feito um checkup completo na vida. Sempre esbanjou saúde. Era um "touro" para trabalhar. Jamais reclamou do relógio, qualquer que fosse a hora que ele mostrasse.

No final de 1997, num de seus expedientes normais no prédio da Coteminas, no centro de Belo Horizonte, Alencar queixou-se de um desconforto no estômago. O médico pediu vários exames, entre os quais um ultrassom de abdômen. E foi aí que o empresário e aspirante a político viu pela primeira vez a imagem daquele que seria seu grande adversário na vida. Um tumor havia se formado no rim direito. Muito atento e detalhista, de imediato perguntou à médica do hospital Mater Dei:

— Você está vendo tudo aí? Estômago também?

— Estômago, não. Esse tipo de exame não "enxerga" vísceras ocas; só maciças.

— Mas qual é o melhor exame para ver vísceras ocas?

— A endoscopia.

Alencar ficou com aquilo na cabeça. Afinal, tinha ido ao médico por causa de uma dor de estômago, e haviam encontrado uma doença no rim. Sempre pragmático, ele sabia que, primeiro, era preciso lidar com o problema real: o tumor. O cirurgião Manuel Luis Cataldo, sobrinho-neto dele, recomendou que a família procurasse uma das maiores referências em urologia no país: "Josué, há um diagnóstico de tumor. Não se sabe se benigno ou maligno. Temos que saber o que fazer. Precisamos procurar o dr. Miguel Srougi aí em São Paulo". O calouro de hospital queria ter certeza de que o diagnóstico estava correto e, depois, saber quais eram as alternativas.

José Alencar fazia muitas perguntas a vários médicos para se certificar de que eles não haviam se esquecido de nenhuma outra opção. Ele era assim o tempo todo. Nos negócios, raciocinava de maneira muito objetiva e pedia para que lhe apresentassem todas as alternativas. E sempre escolhia a mais cabal e definitiva. Solução paliativa nunca o atendeu.

Na consulta, o dr. Miguel olhou os exames e sentenciou: "É mesmo um tumor maligno que está encapsulado, ou seja, não está espalhado. Se o senhor fosse mais jovem, eu recomendaria retirar apenas uma parte do rim. Mas na sua idade há riscos de ficar alguma lesão no local. Por isso, o melhor é extirpar todo o rim direito".

Na presença do filho e do irmão mais novo, Toninho, Alencar se convenceu de que aquilo era o melhor a ser feito. O homem não queria perder tempo. Marcou a cirurgia para dois dias depois. Antes de sair, questionou o médico sobre aquilo que havia ficado gravado na cabeça.

— Dr. Miguel, quando eu estava fazendo os exames em Belo Horizonte, a médica me disse que o ultrassom só analisava bem órgãos maciços e não os ocos. Como a minha dor era no estômago, ela sugeriu uma endoscopia.

— Acho que não é necessário, dr. Alencar. O diagnóstico é claro.

Josué, o filho, interrompeu:

— Papai, o dr. Miguel está dizendo que não precisa...

— Não. Eu quero aproveitar a anestesia e checar o estômago.

Cirurgião experiente, dr. Miguel percebeu que aquele não era mesmo um paciente qualquer. Ligou para o hospital e mandou preparar uma endoscopia para antes da cirurgia.

No dia 23 de dezembro daquele ano, bem cedo, a equipe do urologista fez o exame que Alencar havia pedido. O cirurgião chamou Josué pela janela de vidro que liga a sala de cirurgia à antessala onde estava o filho do empresário. Os dois se falaram pelo interfone.

— Josué, o exame foi providencial. Há um outro tumor, pequeno, inicial, no estômago. Sugiro fazermos tudo numa cirurgia só.

— Mas o senhor opera estômago também?

— Eu, não. Mas já entrei em contato com outra equipe que se colocou à disposição. Eu começo a cirurgia e o outro termina.

— Quem é o médico?

— É o dr. Raul Cutait.

A família já tinha boas referências do cirurgião gástrico. Um cliente antigo da empresa havia sido operado duas vezes por aquele médico.

— Pode ir adiante, dr. Miguel.

Quando José Alencar acordou da anestesia na sala de recuperação, os médicos contaram que ele havia perdido não apenas o rim direito, mas três quartos do estômago. Ele reagiu com naturalidade. Levantou o lençol e conferiu a enorme cicatriz em forma de "т" fechada com pontos e grampos.

A recuperação foi rápida, e Alencar passou o Réveillon com a família. No dia seguinte, ele foi ao consultório do dr. Raul para tirar os pontos e os grampos.

"Está tudo bem com o senhor. Mas fique mais uns dias aqui em São Paulo para a gente acompanhar de perto a sua evolução."

O filho buscou o carro e os dois foram na direção de casa. No meio do caminho, Josué comentou que à tarde haveria uma reunião importante no escritório da empresa para a escolha dos equipamentos que seriam instalados na usina hidrelétrica de Porto Estrela, Minas Gerais, construída pelo consórcio formado pela Coteminas, a Vale do Rio Doce e a Cemig.

"Papai, vão estar todos hoje no escritório. Não quer dar uma passadinha lá? Se o senhor não quiser ficar até o fim, eu o levo para casa."

No início, ele relutou. Depois, acabou convencido. Chegaram ao escritório às duas e meia da tarde. Trabalho para Alencar era vitamina na veia. Dez dias depois de uma cirurgia complexa, o homem aguentou até o fim. Passou a tarde discutindo com os técnicos e, ainda por cima, tomando café — um delicioso aditivo para o cérebro, mas um veneno para o estômago. Às oito e meia da noite, ele deu a palavra final sobre os equipamentos eletromecânicos e foi embora. Até hoje, a usina é considerada a mais econômica e a mais bem contratada da história da empresa energética.

O trabalho parecia ter curado o empresário. Dali em diante, ele fez a campanha vitoriosa para o Senado por Minas Gerais, seu maior orgulho como político. Vivia e convivia no Congresso com paixão. Adorava fazer política. Adorava ajudar os outros.

Os checkups, que passou a fazer com regularidade, mostravam que a saúde seguia em ordem. Até que, no começo de 2002, quando ele ainda nem imaginava que daria um voo ainda mais alto na política, surgiu um tumor na próstata. De novo, reagiu com pragmatismo. De novo, consultou-se com o dr. Miguel. De novo, foi parar na mesa de cirurgia. Ficou sem o tumor e sem a próstata.

Tocou a vida para a frente. Foi escolhido como vice na chapa de Lula para a presidência, participou ativamente da campanha e acabou eleito. Na quinta-feira anterior ao Carnaval de 2004, acompanhando o presidente Lula, o vice participou da exposição agropecuária de Uberaba, a festa mais badalada do setor. Alencar comeu de tudo, torresmo, carne gordurosa, bebeu cerveja e seu estimado uísque. Voltou para o Rio de Janeiro queixando-se de dores no abdômen.

"Isso é resultado desses excessos que você cometeu lá em Uberaba!", disparou dona Mariza, a mulher, ao telefone.

Mas a dor estava forte demais. Foi parar no hospital Copa D'Or. O filho, que estava em São Paulo, ligou para o dr. Raul Cutait, e os dois foram à noite para o Rio. Havia uma tensão no hospital por se tratar do vice-presidente da República. Os exames de imagem revelaram que a vesícula biliar estava obstruída por uma pedra inflamada e esticada. Havia um perigo iminente de infecção generalizada, ou seja, risco de morte. "Precisamos levá-lo para São Paulo, agora!", sentenciou o médico.

A uma e meia da manhã do Sábado de Aleluia, Alencar embarcou no avião da família. Chegou ao hospital às três e meia. A cirurgia começou às seis da manhã. Equilibrar os parâmetros clínicos do paciente não foi nada fácil por causa da infecção. Pela primeira vez, o vice-presidente enfrentou um perigo real. Foi ali que os médicos começaram a conhecer uma característica que acompanhava aquele homem desde pequeno: a coragem. Pois o perigo passou e Alencar voltou a sorrir. E até brincou com os médicos: "Tá vendo, dr. Miguel? O dr. Raul estava com inveja porque o senhor tinha feito duas e ele apenas uma cirurgia. Eu não tinha nada. Ele inventou isso para empatar com você!", e caiu na gargalhada.

Mal podia imaginar o vice-presidente que a brincadeira se transformaria num presságio do rompimento entre os dois cirurgiões.

O inimigo

Para quem nunca tinha frequentado consultórios médicos, a mudança para Alencar foi brutal. De repente, viu-se rodeado de médicos, e dali em diante sua vida seria dividida entre o trabalho e o hospital. Mas ele nem imaginava aquilo. Sempre superou cada crise com a certeza de que seria a última. A força mental, que tanto o ajudou na vida, estava ali de prontidão para ajudá-lo a continuar lutando por ela. Além dos dois cirurgiões, o vice-presidente ganhou um "cão de guarda" da sua saúde. O cardiologista Roberto Kalil Filho, acostumado a lidar com homens do poder e suas agendas sem espaço, começou a cuidar da parte clínica do vice-presidente na crise da vesícula. A partir dali, Alencar passou a ouvir broncas e mais broncas para que fizesse um checkup. "Adriano, está na hora de ele vir fazer os exames", alertou o cardiologista, por telefone, ao chefe de gabinete do vice-presidente.

Era agosto de 2005 e Alencar, coincidentemente, estava em São Paulo. Foi meio a contragosto. Fez uma cintilografia das coronárias, e apareceu uma isquemia, ou seja, uma falta de irrigação sanguínea na parede lateral do ventrículo esquerdo do coração. O médico comunicou que seria necessário um cateterismo.

"Não vou fazer!", esbravejou o paciente especial. Olhou para o dr. Kalil e continuou com a recusa: "Você está com medo de quê? De que eu pegue o avião e morra? A responsabilidade será toda minha. Eu assino um documento".

Àquela época, Alencar acumulava o cargo de Ministro da Defesa e queria voltar logo para Brasília. Mas não podia imaginar que aquele médico baixinho falasse tão grosso. O dr. Kalil "enquadrou" o vice.

"Não é assim, presidente. Desde que o senhor me escolheu como seu médico clínico, quem decide o que é melhor para a sua saúde sou eu. O senhor não vai sair deste hospital sem fazer o cateterismo!"

A energia do médico convenceu Alencar. Ainda bem, porque o resultado do exame foi um entupimento numa artéria importante do coração. No mesmo dia, lá foi Alencar, de novo, para aquela sala fria, iluminada como sol, cheia de aparelhos e gente mascarada. Não demorou muito e ele ganhou um *stent*, uma espécie de molinha que mantém a artéria aberta no local da obstrução. Horas mais tarde, o homem já estava acordado com suas artérias bombando firmes. Sangue livre na veia. Era sempre assim que reagia a cada etapa vencida.

O ano seguinte chegou com a política pegando fogo. O escândalo do "mensalão" batia à porta da campanha eleitoral. Alencar nunca deu razão às denúncias e correu o país a defender o presidente Lula. No momento em que se ratificava a chapa Lula-Alencar para concorrer a reeleição, fez novos exames de rotina, por insistência do dr. Kalil. A má notícia estava a caminho. O vice-presidente foi comunicado sobre o diagnóstico de um novo adversário, do qual ele nunca mais se livraria. Um histiosarcoma, um sarcoma dos mais agressivos, que ocorre em estruturas moles. O tumor maligno apareceu no retroperitônio, a parte de trás da membrana que envolve o abdômen. A lesão, detectada pelo exame de imagem, tinha quatro centímetros de diâmetro, estava encapsulada, fechada e localizada no meio do psoas, o grande músculo que vai do abdômen até a coluna vertebral. Esse tipo de sarcoma é considerado raro. Representa apenas 1 a 2% dos tumores malignos sólidos. Em geral, são muito agressivos e, mesmo depois de retirados numa cirurgia, costumam voltar ainda mais ferozes. Os resultados de tratamentos à base de quimioterapia são desanimadores. A aplicação de radioterapia no local pode ser mais eficiente. Mas, no caso de Alencar, essa alternativa acabou descartada porque o tumor estava do lado esquerdo, perto do único rim dele. E uma radiação ali poderia comprometer a função renal.

A doença mal havia sido descoberta e o vice-presidente já enfrentava uma série de limitações para resolver o problema. Àquela altura, ele tinha apenas um rim, um pedaço pequeno do estômago, havia perdido a próstata e ganhado uma "molinha" na artéria do coração.

Como uma nova cirurgia estava se desenhando, o vice-presidente ligou para Lula: "Você tem que arrumar outro vice para compor a chapa. Foi diagnosticado um tumor no meu abdômen, e é muito provável que eu tenha que ser operado. Não posso fazer campanha e não quero prejudicar o seu caminho", resignou-se Alencar. "De jeito nenhum!", respondeu o presidente. "Vá se tratar que eu cuido da campanha."

Foi aqui que eu cruzei o caminho de Alencar. Como eu já tinha boas fontes no Sírio-Libanês, fui logo destacado para cobrir as encrencas médicas do vice. Passei a ter mais horas de hospital que de minha casa. Aos poucos fui me aproximando daquele homem. A minha rede de informações foi crescendo e, em pouco tempo, passei a transitar livremente pelo hospital. Até como paciente, por várias vezes, por causa de um cálculo renal — não é só por causa do vice-presidente que muita gente naquele hospital conhece a minha voz...

O dr. Kalil foi o responsável pela descoberta do tumor. Afinal, ele havia marcado o checkup. Era para fazer um ultrassom apenas da região cardiovascular, mas, cardiologista experiente, Kalil pediu para o radiologista aproveitar e "dar uma geral no abdômen". Só para ver.

"A parte cardiológica está boa. Mas ele tem um tumor no abdômen", disparou o radiologista.

Alarmado com o achado, o dr. Kalil pegou o resultado e chamou o dr. Raul Cutait, que, ao ver o exame, disse que era preciso operar logo.

"Calma, Raul. Para essa região em que o tumor está precisamos ouvir a opinião do dr. Miguel Srougi antes de decidirmos o que fazer", comunicou o cardiologista.

Outro argumento para que o procedimento não fosse feito de imediato era que Alencar estava tomando anticoagulante por causa do problema cardíaco. Se fosse para a cirurgia, o risco de uma hemorragia seria alto. Kalil sugeriu que chamassem o dr. Paulo Hoff, oncologista recém-chegado de uma temporada de onze anos no MD Anderson, em Houston, nos Estados Unidos, um dos maiores centros de pesquisas contra o câncer do mundo.

O dr. Paulo Hoff olhou as imagens e sugeriu uma biópsia para certificar-se do tipo de tumor. É um procedimento padrão nesses casos. Colhe-se uma amostra do tecido doente, que depois é analisada em laboratório. O oncologista já sabia que era um sarcoma, daqueles raros. Já previa que aquele paciente estaria encrencado. O exame foi feito e confirmou o diagnóstico clínico.

Por telefone, o dr. Kalil falou com o dr. Miguel Srougi, que estava nos Estados Unidos, num congresso em Miami. Ele ouviu o diagnóstico e pediu para que esperassem até domingo, quando estaria de volta a São Paulo.

A biópsia foi feita no sábado. No dia seguinte, de volta ao Brasil, o urologista se reuniu com Kalil e foi à casa de Alencar. Falou sobre o tumor e detalhou a cirurgia. Faria um corte alto transverso na horizontal, de fora a fora na barriga. Alencar então disse: "Dr. Miguel, o dr. Raul também quer entrar na cirurgia. Vocês poderiam operar juntos...".

Com a palavra, o dr. Miguel: "Respondi que sim, faríamos juntos. Mas, antes de eu sair, dona Mariza me chamou e disse que queria que eu fizesse a cirurgia. À noite, liguei para o Raul e disse que eu tinha visto o caso, conversado com o vice-presidente. Expus como faríamos a cirurgia. E contei o que a dona Mariza havia me dito. Ele respondeu que não, que ele já tinha estudado o caso e que Alencar era seu paciente. Eu fiquei desconfortável na hora e insisti que faríamos juntos. No dia seguinte, soube que o Raul tinha ido ao escritório do Josué, filho do Alencar, com uma pilha de artigos médicos dizendo que eu ia fazer uma incisão errada. Soube também que ele tinha feito a cabeça do sobrinho do Alencar, que é médico e, naquela época, tinha certa influência sobre o vice-presidente.

"Ali, tomei a decisão de sair do caso. No final da tarde, o vice-presidente foi internado e me ligou. Eu disse que tinha tido um problema com o Raul e que eu não ia entrar na cirurgia. Mais tarde, ele me chamou no quarto e disse que estava desconcertado com o fato de eu não querer participar do procedimento. E me pediu, por favor, para que eu relevasse. Eu estava inconformado com a atitude do Raul. Eu não podia entrar em campo irritado com quem estaria ao meu lado. A cirurgia é um momento sublime, não pode ser feita com raiva. Mas, para dar paz ao vice-presidente, disse que estaria lá para proteger o rim dele."

Agora, com a palavra, o dr. Raul Cutait: "Depois que soubemos do diagnóstico, o Miguel me ligou e sugeriu a biópsia. Eu contei que já tinha marcado a cirurgia para sábado, o dia seguinte, mas que a gente podia esperar. Disse que o Alencar gostava de nós dois e a gente poderia operar juntos. Ele respondeu que voltaria no domingo, e combinei de vermos os exames quando ele chegasse. Só que, quando o Miguel chegou, ele foi direto à casa do vice-presidente e só me ligou no final do dia. Disse que ia operar o paciente. Eu estranhei porque o Alencar tinha combinado comigo e já tínhamos marcado a data. O Miguel me explicou como pretendia fazer a cirurgia e eu não concordei. E disse que não seria ele que me diria quem ia operar o Alencar. Acabou aí a conversa".

Mas a discussão ainda não havia terminado. O dr. Raul continua: "O vice-presidente operaria com quem ele quisesse. Mas eu tinha obrigação de dizer o que achava. Na segunda-feira, procurei o Josué, no escritório dele. Contei sobre a desavença e fiz um comentário técnico: que aquela cirurgia deveria ser feita não como o Miguel havia proposto, mas de outra maneira. Mostrei uma publicação e um e-mail do dr. Murray Brennan, um dos maiores especialistas em sarcoma do mundo, que confirmavam o que eu estava defendendo".

Alencar, por fim, optou pelo dr. Raul Cutait como cirurgião principal.

Na terça-feira de manhã, dia da cirurgia, o dr. Miguel já estava no hospital operando outro paciente. Quando desceram com o vice-presidente, ele foi à sala, cumprimentou Alencar e avisou que, se precisassem dele, ele estaria na sala ao lado. Dr. Miguel tinha quatro cirurgias para fazer naquela terça.

Ele conta: "No meio da minha segunda cirurgia, mandaram me chamar. A sala onde o vice era operado estava cheia de médicos. O Raul me disse que o tumor estava grudado na coluna vertebral e no ureter, que estava difícil para tirar. Vi que o corte que ele tinha feito era pequeno. Tivemos que colocar uma válvula grande, ferros para puxar e ampliar a área de trabalho. Eu segurei a válvula com força e o orientei como tirar o tumor. Fiquei poucos minutos na sala e voltei para a minha cirurgia".

O dr. Raul conta o seguinte: "No dia da cirurgia, o Miguel não apareceu. Estava operando na sala ao lado. Quando eu já estava com o tumor liberado, mais solto, um assistente meu sugeriu chamá-lo, já que ele havia prometido estar ali. Eu concordei. Ele chegou, fez algumas poucas sugestões de onde cortar, que para mim eram óbvias, e saiu. Ficou o mal-estar".

Divergências entre médicos são normais e necessárias, principalmente quando a doença é grave. É comum um paciente buscar mais de uma avaliação. Ainda mais quando ele se chama José Alencar Gomes da Silva, mineiro da Zona da Mata, lugar com muitas montanhas. Dizem que é por isso que os nativos daquela região costumam ser desconfiados. Só enxergam até a outra montanha. Para ver mais longe, é preciso subir na outra.

Mesmo com o desentendimento entre os dois médicos, o resultado da cirurgia foi considerado positivo. "O tumor havia sido extirpado", dizia o boletim médico. Mas o dr. Miguel achava que não, que células cancerígenas continuavam no local.

Três dias depois, com o vice-presidente se recuperando da operação, o exame anatomopatológico ficou pronto e revelou que "as margens do tumor tinham sido comprometidas", ou seja, apesar de ter sido retirada uma área maior do que a do câncer, com uma margem de segurança, fragmentos da doença tinham ficado no abdômen. Era certo que a doença voltaria.

Os dois cirurgiões avaliaram: "Em sarcomas desse tipo pode acontecer mesmo essa 'perda da margem'. As células atravessam a 'cápsula' na qual a doença está acumulada e se espalham sem que seja possível ver. É por isso que a gente retira uma área maior ao redor. Mas ainda assim pode não ser suficiente", disse o dr. Raul Cutait.

"Se, num caso como esse, a cirurgia for benfeita, a chance de o tumor voltar ainda será grande, mas haverá uma pequena chance de cura. Se a cirurgia for malfeita, a chance de volta será certa e a de cura, nula", disse o dr. Miguel Srougi.

Alencar não via a hora de sair dali. E saiu quatro dias depois da cirurgia. Para desespero de dona Mariza, em vez de ir para casa, ele foi participar da inauguração do comitê de campanha do senador Aloizio Mercadante, que concorria para o governo de São Paulo. Além dos remédios, falar, opinar, respirar política era o que mais fazia bem ao vice-presidente. Ao chegar em casa feliz da vida, tomou uma bronca danada da mulher.

Enquanto os médicos se debruçavam sobre o resultado, o filho de Alencar viajou com os exames para os Estados Unidos atrás de outras opiniões. Ouviu três especialistas: o dr. Murray Brennan, do Memorial Sloan-Kettering de Nova York, considerado o maior especialista do mundo em sarcomas de abdômen, o dr. Bruce Minsky, radiologista do mesmo hospital, e o dr. Robert Benjamin, oncologista do MD Anderson de Houston, o principal centro de pesquisas contra o câncer do mundo. Na América do Norte, Josué percebeu que não havia consenso sobre o que fazer. Mas, na cabeça dele, uma nova cirurgia naquele momento não adiantaria muito.

Foi convocada uma reunião. No Centro de Oncologia do Sírio-Libanês estavam Josué, um patologista, o cardiologista, o cirurgião gástrico, o urologista, o oncologista e um radioterapeuta. O clima estava tenso e as opiniões, divididas. Parte, como o dr. Miguel Srougi e o dr. Paulo Hoff, achava que ele deveria ser operado de novo de imediato, parte achava que não. Até que o dr. Raul mostrou uma carta com a opinião do dr. Murray Brennan. O cirurgião neozelandês dizia no texto que, no caso de um sarcoma de estruturas moles no retroperitônio com margens comprometidas, uma nova cirurgia de imediato não traria vantagem alguma, porque a volta do tumor era dada como certa, com ou sem uma nova operação. E que, por isso, era melhor esperar primeiro a doença reaparecer.

Josué Gomes da Silva ponderou que, se o maior especialista na doença não recomendava a cirurgia naquele momento e que, se fosse feita, ela poderia tirar Alencar da disputa à reeleição, o vice-presidente não se submeteria à intervenção de imediato.

O paciente prometeu voltar a fazer exames no primeiro dia após o resultado do primeiro turno. Mas a chapa do PT não conseguiu votos suficientes para liquidar a eleição, que foi para o segundo turno. Apesar dos pedidos dos médicos para que não participasse de carreatas na carroceria de camionetes, o candidato a vice participou de tudo ao lado do companheiro Lula.

Mais uma vez, o antídoto contra os aborrecimentos entrou em campo: a política. Confirmada a reeleição, José Alencar desembarcou em São Paulo no dia seguinte e foi direto para o hospital. Fez exames, e não deu outra: o tumor tinha voltado, quatro meses depois. E como profetizava a literatura médica, "o bicho" reapareceu maior e mais feroz. Para completar o cardápio de más notícias, foi detectada também uma recidiva, na coluna vertebral, do tumor de próstata para o qual ele já havia se tratado.

Paulo Hoff, que até ali pouco conhecia Alencar, foi até o quarto 1106 comunicar os diagnósticos. Com muito jeito, o médico contou os resultados. O vice-presidente baixou a cabeça, sentiu o golpe, mas logo ergueu os olhos e perguntou: "Quais são as alternativas?". "Tomar hormônio para controlar a recidiva na coluna e retirar a nova lesão do abdômen."

Não demorou e chegaram os dois cirurgiões, desafetos entre si. Primeiro, o dr. Raul. Em seguida, o dr. Miguel. O que era para clarear escureceu. Havia uma tensão evidente no quarto. Os dois mal se olhavam. Raul expunha as razões da volta da doença quando Miguel explodiu:

— Sabe por que a doença voltou, dr. Alencar? Porque a cirurgia foi imperfeita! Foi malfeita! Ficou tumor na barriga! Você fez tudo errado, Raul!

— Calma, Miguel! Vamos discutir isso depois — respondeu o colega.

Os dois saíram da sala e deixaram escancarado o péssimo relacionamento entre eles. Médicos experientes, Raul e Miguel sabiam, desde a faculdade, que nunca se pode discutir daquele jeito na frente de um paciente. Deviam ter resolvido a desavença longe dali. Deixaram para trás um homem atônito. Assustado com a cena, Alencar virou-se para o dr. Paulo Hoff e perguntou: "E agora?".

Silêncio no quarto. As duas testemunhas da discussão estavam estupefatas. Até que o vice-presidente perguntou: "Você me indica alguém nos Estados Unidos para fazer a cirurgia?".

Ainda atordoado, o oncologista de jeito sereno não titubeou: "Dr. Murray Brennan. É o maior cirurgião desse tipo de tumor".

Alencar já conhecia de nome o médico neozelandês. Ele se lembrou da carta e de que o filho já tinha estado com o especialista. Bateu o martelo e convidou o dr. Paulo para acompanhá-lo. O oncologista já estava prestes a embarcar para dar uma aula em Nova York. Foi junto com Alencar no avião da Coteminas, com um papel amassado no bolso: a passagem comprada.

O dr. Brennan era velho conhecido de Paulo Hoff, pois conviveu muito com ele nos eventos da especialidade. Além de ser referência máxima para sarcomas de abdômen, Murray Brennan é um *gentleman*. Com a cordialidade habitual, ele recebeu Alencar, Josué e Paulo Hoff em Manhattan. Examinou o paciente, ao lado de sua assistente, Dra. White, virou e revirou os exames de imagem.

Chamou Hoff no canto e conferiu:

— Você sabe que essa cirurgia tem pouca chance de dar certo, não é?

— Claro, Murray, eu sei bem.

— Você não prefere desistir da cirurgia e começar logo com a quimioterapia?

O médico brasileiro respondeu que o paciente não concordaria, queria uma solução mais radical. E as quimioterapias disponíveis para aquele tipo de tumor eram pouco efetivas.

— Vamos falar com ele, então — decidiu Brennan.

Foi direto. Disse que a chance de sucesso da cirurgia era pequena, que faria o maior esforço possível, explicou o procedimento, os efeitos colaterais e operou Alencar. E aproveitou para fazer uma radioterapia durante a cirurgia.

Paulo Hoff foi dar sua aula no congresso e voltou ao Brasil. Alencar se recuperou em poucos dias e logo desembarcou em Brasília. Naquele momento, embora por pouco tempo, estava livre da doença. Mas não das amolações. Teve que começar a se acostumar com sessões de quimioterapia e suas desagradáveis consequências. Fez até o começo de 2007, quando, cansado, pediu um tempo. O tratamento foi interrompido e ele ficou bem até o final do ano. Nesse período, a metástase do câncer de próstata foi tratada e nunca mais voltou a ser um problema.

Arrasa quarteirão

FIM DE ANO SEMPRE foi de fortes emoções para aquele mineiro. Fazia aniversário em outubro, tinha uma irmã, o filho e dois netos nascidos em dezembro e perdeu, no mesmo mês, uma de suas maiores referências na vida, o irmão mais velho Geraldo. E algo relacionado com a saúde sempre acontecia no crepúsculo do ano. E, naquele, foi ruim. Em outubro de 2007, um novo nódulo apareceu no abdômen. O vice não queria voltar para os Estados Unidos. Pediu para chamarem o dr. Brennan para operá-lo em São Paulo.

O neozelandês, muito educado, chamou o dr. Raul Cutait para auxiliá-lo na cirurgia. Alencar, ainda inseguro por causa da discussão entre seus dois médicos, disse ao dr. Brennan: "O Raul pode te ajudar, mas o responsável pela cirurgia é o senhor".

Os desafetos se encontraram ali mesmo, durante a cirurgia. O dr. Miguel apareceu e se prontificou a ajudar. Mas só observou.

A cirurgia transcorreu bem, e lá se foi mais um tumor. Mas a trégua do sarcoma foi curta. Dois meses depois, surgiu outro foco, no mesmo lugar. Para os médicos estava claro que a doença estava voltando cada vez mais agressiva e de forma muito rápida. A cirurgia não estava conseguindo conter "o bicho".

Optaram por retomar a quimioterapia convencional, ou seja, adriamicina e dacarbazina na veia. Não funcionou.

O jeito foi apelar para a ablação por radiofrequência: o médico enfia uma agulha e queima o tumor. Dessa vez, funcionou. Naquele local, no meio do músculo psoas no retroperitônio, a doença não voltou mais. Na verdade, ela só mudou de lugar. De trás, veio para a frente seis meses depois. Alencar sempre queria uma solução radical e voltou para a fria sala de cirurgia. Só que dessa vez quem comandou o procedimento foi o dr. Miguel Srougi, que levou o cirurgião gástrico Marcel Cerqueira Machado para ajudá-lo. Saíram três nódulos.

"A situação dele é difícil", reconheceu o dr. Miguel. "É como se tivesse estourado uma granada na barriga e espalhado estilhaço para todo lado. A gente abre, tira o que dá, mas depois aparece em outro lugar."

Dito e feito. Em seis meses, novos "estilhaços" de tumor foram descobertos no abdômen, apesar de a quimioterapia ter sido retomada. O homem que não gostava de paliativos despachou o filho Josué de volta para os Estados Unidos para conversar com o dr. Paul Sugar Baker, cirurgião especialista em sarcoma que fazia uma cirurgia radical combinando várias técnicas. Ele retirava todo o peritônio do paciente, a camada que reveste o abdômen, extraía tudo o que não fosse vital na região e ainda fazia uma quimioterapia a quarenta graus de temperatura diretamente no local das lesões. Era uma espécie de cirurgia "arrasa quarteirão".

Mas, ao estudar o caso de Alencar, o médico de Washington disse ao filho do vice-presidente que ele não faria. Havia um risco muito alto de morte durante o procedimento e, naquele estágio, não resolveria por causa da sarcomatose, do alastramento da doença. Ou seja, aquele paciente estava condenado. Josué, que sempre resistiu com firmeza às más notícias, dessa vez desabou.

Voltou ao Brasil com uma indicação do americano. O dr. Ademar Lopes, do Hospital do Câncer de São Paulo, foi chamado. Era um discípulo do dr. Sugar Baker. Homem de fala mansa, ele foi direto. Avaliação correta do que seria possível fazer só depois de abrir. E repetiu o mantra do mestre estrangeiro: era uma cirurgia de alto risco. O perigo era tamanho que Alencar teve que assinar um documento assumindo os riscos.

"Dizem que tenho coragem. Não é nada disso. É falta de alternativa mesmo", explicou o homem que, a essa altura, tinha uma grande torcida a favor, o hospital inteiro.

Ademar Lopes levou toda a sua equipe. Nenhum dos outros dois cirurgiões desafetos participou.

Entre os médicos havia uma sensação cada vez menor de esperança. Nada do que tinham tentado havia contido "o bicho". Alencar percebeu isso e, assim que a maca chegou ao centro cirúrgico, olhou para todos e disparou: "Tem alguém desanimado aqui? Porque, se tiver, pode sair. Aqui não é lugar para desânimo. Eu estou muito confiante. Vamos em frente!".

Mais explícito, impossível. O paciente queria muito mais do que a técnica daquela equipe; queria que todos acreditassem e lutassem como ele. A tensão era enorme. Alencar sabia que podia nunca mais ver o sol. E lá foi ele para o escuro.

O cirurgião chefe fez dois longos cortes na barriga, em forma de "т". Depois de tantas cirurgias, o abdômen de Alencar estava muito fibrosado, quer dizer, havia várias cicatrizes nas camadas internas e nos órgãos. E a fibrose provoca aderência, uma coisa gruda na outra. Cruzar tudo isso para chegar ao tumor durou três horas. Quando viu o tamanho do estrago, o dr. Ademar concluiu que dava para ir adiante, mas que demoraria. Foi retirando tumores aos pedaços, nove no total. O maior tinha doze centímetros de diâmetro. Tirou partes grandes dos intestinos delgado e grosso.

Alencar também perdeu dois terços do ureter, o canal que liga o rim à bexiga. Para se certificar de que não restaria nenhuma lesão, o médico deslocou o único rim de Alencar e limpou toda a cavidade.

Por fim, fez a termoquimioterapia. Um caninho jogava o remédio direto na região do tumor, a uma temperatura de quarenta graus, e outras três sondas puxavam o líquido para fora. Foi uma "lavagem" a quente. Quando deu os pontos finais, o médico já estava ali havia quase dezoito horas.

"Tiramos tudo. O vice-presidente aguentou bem a cirurgia. Agora temos que esperar pela recuperação", relatou o cirurgião.

Só o fato de Alencar ter suportado tanto tempo de anestesia sem intercorrências já foi considerado um milagre pelos médicos. Mas a tensão não diminuiu. Mudou de foco. Os olhos estavam pregados nos monitores da UTI. Aquele paciente, que sempre acordava antes da hora prevista, daquela vez demorou. O vice-presidente não voltava completamente da anestesia. Alternava momentos de lucidez com sono profundo. Ficou cinco dias na UTI.

E, até vencer as duas primeiras semanas do pós-operatório, os médicos duvidaram que ele escaparia com vida daquela cirurgia, apelidada por Alencar de "moto scraper", um trator que arranca tudo o que há pela frente. Demorou a acordar, a se alimentar e a andar. Mas venceu de novo, 22 dias depois. Saiu do hospital numa cadeira de rodas com ar de vencedor.

O vencedor

Desde que ficou claro que o homem sairia de novo pela porta do hospital, eu não pensava em outra coisa: uma entrevista exclusiva com o vice-presidente, a primeira depois do "milagre".

Nos últimos cinco anos, convivi mais com gente ligada a Alencar do que com a minha família. Entre eles, havia um mineiro baixinho, cara de gente boa e muito gente boa. Adriano Silva, "sombra" do fundador da Coteminas desde os tempos de Associação Comercial de Belo Horizonte, mais de trinta anos atrás. Homem educado, de fala mansa, com "uais" para todo lado e de uma fidelidade sem igual. Tudo o que envolvia Alencar passava por ele. E com meu desejo não foi diferente. "Vamos ver. Primeiro ele precisa acordar...", respondeu Adriano.

O vice tinha acabado de sair do centro cirúrgico e eu já estava querendo falar com ele. Continuei mantendo meu pleito de plantão. Só quando ele saiu do hospital foi que recebi uma resposta mais positiva. "Vou falar com ele. Acho que vai dar", comunicou o assessor.

Como o leitor pode perceber, jornalista tem muitos motivos para roer as unhas. Até dos pés, se necessário. Tive que esperar oito dias até que Alencar saísse do buraco. "Oito dias...", sussurrei para mim mesmo. Aquilo era tempo demais, tempo para a concorrência tentar o mesmo e acabar com a minha exclusividade. Eu já estava muito à frente dos colegas, mas "quase" é o mesmo que nada. A semana se arrastou, e o pronto-socorro do hospital já "piscava" para mim, tamanha era a minha agonia... Ligava todos os dias para Adriano. E a resposta insistia em permanecer igual: "Ainda não". Alencar estava fraco, tinha dificuldade para respirar. Qualquer movimento, por menor que fosse, já o cansava. A alimentação custava a se normalizar, assim como o funcionamento do intestino, retalhado pela cirurgia. Era evidente a tensão dos médicos. Ele nunca demorara tanto para se levantar e andar. A essa altura, além de Alencar, eu e os médicos pouco dormíamos. Cada qual com sua agonia.

Eu fazia uma ginástica mental para não ficar imaginando que a qualquer momento alguém ia me "furar", ou seja, ia conseguir a entrevista antes de mim. Durante o calvário, Adriano me disse que a cada dia que passava mais e mais veículos pediam o mesmo. E eu seguia rezando para o vice-presidente se recuperar, voltar a raciocinar e me atender. Eram muitas as graças e foram muitas as rezas. Até que o homem saiu do inferno.

"O vice-presidente topou", disse calmamente o assessor. "Ele soube dos muitos pedidos e ponderou que o seu havia sido o primeiro e que você era o jornalista em que ele mais confiava."

Desliguei o telefone emocionado, agradeci aos céus e liguei para a Globo: "Consegui uma exclusiva com o Alencar!", disse ao meu diretor. "Agora é com você. Vou precisar de um bom espaço no *Fantástico*!"

Isso não seria problema. No boca a boca, a luta daquele senhor que, naqueles dias, passava dos 77 anos de vida, já atraía a atenção de sãos e doentes. Virou rotina para mim receber mensagens, cartas, livros de anônimos para entregar àquele lutador. Dentro do Sírio-Libanês, quem estava internado me puxava pelo braço e falava baixinho: "Esse homem é um guerreiro! É um exemplo para nós que enfrentamos uma doença. Ele nos dá esperança de que há uma saída".

Pois o homem que se sentou à minha frente, numa tarde de quinta-feira, não tinha pinta de gladiador. Estava pálido, mais magro, mais envelhecido. Mas orgulhoso. O que o corpo mostrava os olhos ignoravam. Estavam ali, vivos, espertos, loucos para falar. E falou: "Eu ainda tenho um pouco de cansaço. A quimioterapia traz diversos efeitos colaterais, entre eles, esse".

Alencar separava bem as palavras e as frases. A respiração mostrava que ele se cansava sem esforço. "Não foi nenhum heroísmo, não. Eu tinha que tomar essa decisão. Não tinha outra. Eu tinha que me operar." Dobrou o lenço com o qual acabara de enxugar o rosto, botou no bolso de trás da calça e seguiu falando: "Eu não estou habituado às coisas fáceis. Eu sempre deparei, na vida, com problemas difíceis. E nunca deixei de enfrentá-los".

O recado era claro. Quem quisesse levá-lo ia ter que suar muito mais do que a camisa... Aquele homem não ficava com a cabeça presa no problema, mas na solução. Ele dedicava toda a sua energia para resolver em vez de lamentar. Trocava ansiedade por solução. Foi assim sempre. Tanto sabia que a cirurgia era de alto risco que assinou um documento, quatro dias antes, tomando ciência de todos os perigos que a intervenção poderia produzir. O autodidata pediu licença ao filósofo Sócrates e emendou: "Eu não tenho medo da morte. Tenho medo da desonra". E prosseguiu falando do fim de todos nós. "A morte é um fenômeno natural. Assim como você nasce, você um dia vai morrer. A gente não tem que ficar pensando nisso. E você vai viver o tempo que Deus quiser que você viva. Eu não posso pensar que vai acontecer alguma coisa comigo sem que Deus queira. E se Ele quiser que eu morra é porque vai ser bom para mim. Deus não faz nada ruim contra ninguém."

O vice-presidente parecia estar com uma carga extra de adrenalina nas veias e na memória. Contou "causos", passagens da vida e a bronca antes da cirurgia. "Eu não podia deixar que a turma entrasse com cara e espírito de velório. Disse que nós não podíamos recuar da operação. Eu precisava do empenho deles. E tive dobrado."

Acostumado a decidir, habituado a mandar, mas com elegância, com jeito bem mineiro mesmo... Foi assim que se referiu à mulher, companheira e "fiscal" contra algumas travessuras. "Ajuda tanto que até atrapalha. Porque ela não me deixa fazer nada. Por exemplo, não me deixa tomar um 'golo'! 'Não senhor!', ela fala."

E comentou dos brasileiros que torciam por ele. "Eles têm me ajudado muito. O que eles torcem por mim, as mensagens que eles mandam me deixam emocionado. E vêm de pessoas que não são do nosso dia a dia. São de gente que mora longe, que eu nunca vi."

Humilde, Alencar agradeceu aos céus. "Deus não me deve, e nem quero que Ele me dê um dia a mais de vida de que eu não possa me orgulhar."

E ganhou de vez o coração do povo ao dizer o que pensava da vida, dali em diante. "Espero legar uma herança da qual meus herdeiros possam se orgulhar. Mais nada."

O homem fraco, cansado e magro saiu com pose de vencedor.

Se o impacto de ler o que ele disse já é grande, imagine ouvir tudo aquilo, cara a cara. Saí atordoado do bairro dos Jardins, em São Paulo. Eu e toda a equipe. "Meu Deus! Quanta história!", era o que eu ouvia de mim mesmo. Se pudesse, colocaria no ar a entrevista bruta. Quarenta minutos de estimulantes na veia. Sabia que muita coisa ficaria de fora. Guardei aquilo na memória, mas bem por perto...

Quando vimos a matéria editada pela primeira vez, não houve testemunha que não tivesse se comovido. Na segunda-feira pela manhã comprovei, mais uma vez, a potência da televisão. Todo mundo me parava para comentar a entrevista. Pouco depois das oito e meia, meu celular tocou: "É do Palácio do Jaburu. O vice-presidente vai falar".

Alencar contou que já tinha visto cinco vezes a reportagem. Estava emocionado por ter conseguido falar aos brasileiros que o apoiavam. Estava agradecido.

"Agradecido estou eu, presidente. Foi um privilégio compartilhar daquele momento. As pessoas não param de perguntar sobre sua saúde."

Tão logo o vice desligou, surgiu na minha frente o então presidente. Na Fiesp, ao lado de sua colega argentina Cristina Kirchner, Lula desviou-se do caminho e veio na minha direção. Abraçou-me e disse no meu ouvido: "Adorei o que você fez ontem com o Zé Alencar! Muito bonito!".

Definitivamente, as mensagens de Alencar haviam se espalhado pelo país afora e alcançado os lugares mais improváveis.

No mesmo dia, seus ex-colegas lembraram-se dele no plenário da Câmara dos Deputados.

Alencar havia virado assunto nacional. A guerra daquele homem pela vida despertou sentimentos e inspirou atitudes que me fizeram acompanhá-lo, seja de perto, seja de longe. Aquilo me atingiu fundo. Eu precisava ouvi-lo mais e, depois, contar a todos.

Na semana da Páscoa, fui à casa dele apresentar oficialmente a ideia do livro e a minha colega, Patricia Carvalho, que me ajudaria na pesquisa. Eram oito da noite quando entramos na ampla sala de visita. Alencar nos recebeu na porta vestido como sempre, de paletó e gravata. Muito cordial, apresentou-nos as duas filhas, Maria da Graça e Patrícia. Adriano, presente, dispensava a cerimônia. Antes de nos sentarmos, o anfitrião nos levou ao corredor e nos mostrou diversas fotos que cobriam as paredes. Parou diante de uma que registrava seu casamento, e seus olhos brilharam. Ficou claro por que aquela moça de Caratinga fisgou o comerciante à primeira vista. Dona Mariza estava linda.

Entramos à esquerda, no seu escritório íntimo. Era uma sala simples, com um sofá de couro preto e uma TV. Apesar de ter se tornado um dos homens mais ricos do Brasil, Alencar mantinha a humildade. Nunca gostou de esbanjar.

A reunião foi na salona decorada bem à mineira, com motivos barrocos. Tinha pompa, era sóbria e testemunha de tomadas de decisões. Quando expus o que faria, o homem destrambelhou a falar. Contou o que lhe veio à cabeça, sem compromisso com a cronologia. A certa altura, nossos olhos se desviaram. Não era para menos. A copeira trouxe sua bebida preferida, o uísque Buchanan's.

A surpresa foi geral, até da empregada, que ficou paralisada sem saber o que fazer. "Serve! Já falei que é para servir!", mandou o patrão.

O "golo" nas reuniões informais era de lei. E ai de quem o reprimisse. O silêncio foi tal que deu para ouvir o líquido cor de caramelo se esgueirando pelo copo e fazendo o gelo estalar.

A cada gole, uma história diferente. O neto Davi, sua paixão, apareceu com uma caixa de chocolate. "Oferece às visitas", ordenou o avô.

Alencar abraçou o menino como eu nunca o tinha visto fazer com ninguém. Despejou tantas loas ao garoto que o pequeno ficou todo sem jeito. Duas horas e meia depois de entrarmos, saímos com a cabeça cheia de planos.

No encontro, o patrono sugeriu diversos parentes e velhos companheiros que deveríamos ouvir. Eu teria que ir à região de Muriaé, onde ele nasceu, para respirar o ar do ambiente que um dia foi o dele e para onde pouco voltou. Mas, antes de todos, teria que gravar com ele o mais breve possível. A preocupação com o tempo era minha e dele também. Alencar se automotivava, mas mantinha os pés bem no chão. Sabia que o inimigo era poderoso e cada vez mais forte. Sabia que poderia morrer logo. Marcar e desmarcar o primeiro depoimento virou rotina. Ora ele estava fazendo quimioterapia, ora estava ocupado com o trabalho, muitas vezes substituindo o serelepe viajante presidente Lula. Cheguei a comprar passagem para Brasília para uma data que acabou riscada da agenda. Decidi então começar pelo que estava à mão. Liguei para Toninho, o irmão mais próximo do vice-presidente, e marquei minha viagem à Zona da Mata. Ao mergulhar no passado de José Alencar, conheci um personagem chamado Zezé.

Zezé

Chegar a Muriaé não é uma tarefa qualquer. Partindo de São Paulo, o melhor caminho é ir até Juiz de Fora de avião e depois percorrer 165 quilômetros. Comprei a passagem e combinei de pegar um carro alugado no aeroporto mineiro. Às sete da manhã, eu estava na sala de embarque de Congonhas quando ouvi a informação que nenhum passageiro gosta de receber: "O voo foi cancelado devido ao mau tempo", gritava no alto-falante a moça da companhia aérea.

Descer de avião em Juiz de Fora é mesmo um desafio. O aeroporto fica num morro e fecha várias vezes por ano. Só haveria outro voo à tarde, e eu não podia perder tempo. Eu havia tirado uma semana de férias para fazer a pesquisa e tinha que ir a vários lugares. Decidi pegar uma ponte aérea até o Rio de Janeiro. De lá eu iria de carro até Muriaé.

Programei meu GPS e vi que teria que percorrer trezentos quilômetros até meu destino. A rota no mapa parecia um eletrocardiograma. Curvas e mais curvas me aguardavam. Saí do aeroporto Santos Dumont às 16h45. O tempo estava fechado e começou a chover. Quando finalmente deixei o Rio e entrei na estrada, já estava escurecendo. Subi a Serra dos Órgãos em direção a Petrópolis, depois Três Rios e Sapucaia. Enquanto estava no estado do Rio, a estrada era bem sinalizada, embora muito perigosa. Mas, quando atravessei a fronteira com Minas Gerais em Além Paraíba, o caminho piorou bastante. A chuva não dava trégua e caía de maneira impiedosa. Eu nunca havia dirigido naquela região e fiquei imaginando Alencar, cinquenta anos antes, andando para cima e para baixo naquelas estradas que, na época, eram de terra. Cheguei a Muriaé cinco horas e meia depois, sem parada.

Na manhã seguinte, já recuperado da aventura "aerorrodoviária", encontrei-me com Ronaldo Guarçoni, sobrinho de Alencar, e os amigos Walter de Souza Costa, o Walter Perigo, como a turma o chamava na infância, e Avertino Gomes da Silveira. A conversa foi uma delícia, para eles e para mim. Durante uma hora e meia, os três se divertiram revirando o passado. Walter e Avertino me levaram para um passeio pelos lugares que Zezé havia frequentado. O colégio onde ele estudou até o meio do segundo ano do antigo ginásio, a praça onde namorava, a rua que abrigava o futebol, a casa onde a família Gomes da Silva morou e o armazém do pai, seu Antonio. Sessenta anos depois, parte estava diferente, parte não existia mais. Mas as marcas de Zezé estavam por todo lado.

Rodrigo Guarçoni, sobrinho-neto de Alencar, anfitrião de mão-cheia, foi um digno representante da famosa hospitalidade mineira. Levou-me a todos os povoados por onde o tio-avô havia passado. Quanto mais eu entrava no "túnel do tempo" do vice-

-presidente, menos eu queria sair. Mas meu tempo era curto. Deixei para trás uma família de novos amigos.

"Vá devagar nessa estrada. É ruim e muito perigosa", alertou-me Rodrigo.

A viagem para Caratinga, quase duzentos quilômetros ao norte, foi mais tranquila, apesar das precárias condições do asfalto. Na década de 1950, levava-se mais de seis horas para percorrer o trajeto. Amir Theodoro, amigo e funcionário de Alencar, foi meu guia, homem simpático, de voz grossa e muito divertido. Em dois dias conversei com um bocado de gente e entendi por que o vice-presidente fez tanta questão de que eu visitasse a cidade. Foi ali que Zezé virou Alencar, foi ali que o balconista virou comerciante, foi ali que o solteiro encontrou o amor de sua vida.

Entreguei o carro no aeroporto e voltei para casa com tudo registrado no gravador e na cabeça: um, cheio de informações e a outra, cheia de ideias. Liguei dali mesmo para o vice. O que era para ser apenas um relato do resultado da viagem virou uma conversa de mais de uma hora no telefone. Alencar queria saber de tudo, nos detalhes.

De volta a São Paulo, aproveitei um intervalo do tratamento e fui ao apartamento dele. Mostrei todas as mensagens que seus amigos haviam gravado em vídeo.

"Ô, Zé Alencar. Eu agradeço por você estar melhorando. Eu tenho saudade das nossas brincadeiras, a gente brincava demais, uai! 'Cê parece que desligou de mim, nunca mais te vi, que é isso???", brincou seu Simplício Ferreira da Costa, com quem Zezé andou muito à cavalo.

"Meu querido primo, você é um orgulho para mim, para nós. Me lembro do nosso tempo na casa do tio Heitor. Você chegou aonde chegou por méritos seus. É um orgulho para mim ser sua prima. Acho até que é um privilégio. Que Deus te proteja", desejou Maria Vilma Ugatti Gonçalves.

"Toda vez que encontro alguém que vai estar com você, eu te mando um abraço. Que você consiga vencer todos os obstáculos que estão aparecendo no seu caminho, e peço a Deus que te dê muito mais anos de vida", disse, com voz embargada, Maria da Conceição Ugatti, a Téti, outra prima.

No mesmo computador em que eu escrevi este livro, o vice-presidente assistiu repetidas vezes a todos os vídeos. E chorou de soluçar. Ele sabia que dificilmente voltaria a ver aquelas pessoas. Enxugou os olhos e me disse: "Muito obrigado, Burnier. Eu não tenho como te agradecer".

Pelos motivos que agora sabemos, Zé Alencar nunca mais voltou a ver aquela gente.

Sem trégua

Dois meses se passaram, e a história de Alencar continuava me provocando. O outono já batia forte, claro e frio, no décimo sétimo andar do prédio da Presidência da República, na avenida Paulista. Lula ia receber o jogador Ronaldo. O encontro, claro, estava atrasado. Olhei pela janela e me lembrei do vice, de quem não tinha notícias havia semanas. Liguei para o médico.

— Paulo Hoff, a calmaria está tão grande que faz tempo que a gente não se fala...

— Calmaria, nada! — disse o médico, atropelando as palavras.

— O que houve?

— Ninguém sabe disso ainda. Acabamos de fazer exames de imagem nele. O tumor voltou, Burnier. Encontramos dezoito tumores no abdômen!

Se a janela não tivesse vidro, eu teria caído. Fiquei lívido, atordoado. Olhei para o relógio: seis da tarde. "Meu Deus!", suspirei. "Vou ter que correr", disse para mim mesmo. Precisava dar aquela notícia no *Jornal Nacional*, dali a duas horas. Peguei o rádio e avisei a redação. "Vou tentar uma entrevista com ele!"

Liguei de volta para o médico: "Onde ele está?". "Já foi para casa", ele me disse.

O telefone tocou várias vezes. Vida de jornalista é estimulante por isso. Enquanto o meu mundo havia desabado minutos atrás, no apartamento do vice reinava a mais absoluta calma. Nem lá a notícia tinha se espalhado. Alencar atendeu e começou a contar tudo sobre o exame, em ritmo bem mineiro, devagar. Tive que interrompê-lo:

— Presidente, eu já sei dos resultados. Me desculpe pela pressa, mas gostaria de passar aí para gravar com o senhor. Pode ser?

— Mas agora?

— Sim, agora.

— Está bem. Venha então.

Só aí me dei conta de que eu estava sem a minha equipe de gravação. "Desafio pequeno é bobagem", pensei. Pedi para que mandassem para o apartamento de Alencar a equipe e nosso caminhão de transmissão ao vivo, para dar tempo de mandar a reportagem. Peguei um táxi e me esgueirei pelas ruas dos Jardins. No momento em que eu entrava no prédio, Adriano, o assessor do vice, me ligou preocupado dizendo que os outros veículos iam reclamar da primazia.

— Se você gravar com ele, a turma toda vai reclamar.

— Adriano, eu soube da notícia porque tenho fontes. É fruto de trabalho, e não de privilégio da TV Globo. E ele está me atendendo porque eu o procurei.

— Acho melhor não.

Eu já havia subido. O homem triste que abriu a porta recebeu um jornalista esbaforido. Enquanto minha equipe preparava o cenário, Adriano ligou para o vice para demovê-lo da ideia de falar para mim. Engoli em seco. "Só me faltava essa!", pensei.

"O Burnier já está aqui, Adriano. Diga aos outros que eu falo depois."

Depois que minha pressão arterial voltou ao normal, me dispus a arrumar o "cenário" do entrevistado, como sempre faço. Disse "com licença, presidente" e, com cuidado, comecei a centralizar e fechar o nó da gravata dele.

Alencar disparou seus olhos de contrariedade na minha direção e empurrou a minha mão: "Deixa desse jeito mesmo! Eu sou assim!".

Constrangido, procurei encarar aquilo com naturalidade. E, assim, evitar de me desviar do caminho. O homem, então, contou que tinham encontrado dezoito pequenos tumores, mais do lado esquerdo do abdômen.

"Não tenho dor nenhuma, nada. E os exames de sangue estão perfeitos!"

Não era para mim que ele dizia aquilo, mas para ele mesmo. Era assim que Alencar funcionava. A cada problema, ele ressaltava o que havia permanecido bem e buscava imediatamente uma alternativa para sanar o que estava mal, o que não estava funcionando como devia. Ali, mesmo diante da constatação de que nem mesmo as dezoito horas de cirurgia haviam liquidado a doença, ele tratou de acalmar o próprio espírito.

"A vida tem obstáculos. A gente tem que ter serenidade, lutar sem desespero. Vou lutar para enfrentar a situação da melhor maneira possível. A minha vida, como a de todos, está nas mãos de Deus. Não adianta pensar diferente. A morte é um fenômeno da vida. Todos os que nascem vão morrer um dia. Eu também. Quando, eu não sei."

Saí convencido de duas coisas: ele continuaria a lutar e a se vestir daquele jeito.

O exercício mental era de Alencar e dos médicos também. A equipe ficou atordoada com a notícia. Dois tratamentos convencionais haviam sido tentados logo após a grande cirurgia, para se ratificar o sucesso. E veio o fracasso. "Para onde vamos agora, dr. Paulo?" Alencar não queria trégua.

O oncologista consultou os maiores centros de pesquisa do mundo para saber se havia alguma droga nova. Descobriu que, em Houston, nos Estados Unidos, um medicamento para aquele tipo de tumor estava em teste. Nem sequer tinha nome ainda. Apenas um número enorme. Tentou adquirir o remédio com o fabricante, explicou de quem se tratava. Mas o laboratório respondeu que ele só teria acesso àquela droga se fizesse parte do estudo. E lá foi o homem.

Para ser aceito no grupo de estudos, o vice-presidente enfrentou um dia inteiro de exames no hospital do Texas. Apesar da recidiva do tumor, clinicamente ele estava bem. Esse foi o passe livre para fazer parte do novo tratamento, que já havia sido testado com sucesso em outros trinta pacientes.

"A droga age no alvo molecular, na causa do sarcoma, na célula que provocou o tumor, e não na célula cancerosa. Até agora tem se mostrado mais eficiente contra esse tipo de câncer", explicou o oncologista.

Enquanto Alencar enxergava uma penumbra dentro do túnel, eu via o livro indo embora. Afinal, depois de tantas cirurgias, daquela faxina geral, de quimioterapia de todo tipo, "o bicho" tinha dado as caras de novo e em maior número. E a angústia, minha querida companheira, bateu à minha porta com força. Eu sabia que teria de esperar o quadro se estabilizar para poder começar a ouvi-lo sobre sua vida. Mas estava me resignando diante da voracidade daquele histiosarcoma.

A nova cobaia do medicamento voltou ao Brasil tomando vários comprimidos duas vezes ao dia, com jejum de quatro horas. Ele só podia se alimentar uma hora depois da ingestão das pílulas. Num fim de semana, fui visitá-lo no apartamento de São Paulo. Estava de camisa social bege, com as mangas abotoadas até os punhos, e calça cáqui. Era raro ver Alencar vestido assim.

"Estou me sentindo bem. Como ele atua só na causa do problema, esse remédio não provoca efeito colateral."

Não demorou e a enfermeira nos interrompeu. Era hora de almoçar. Recusei o convite, mas o acompanhei até a copa. À mesa, salada farta com frutas e um bife duplo, alto, a cavalo, com dois ovos fritos malpassados. Fiquei até com fome só de ver a disposição de Alencar avançando sobre o prato. Comeu avidamente, como se estivesse são e salvo. Para completar o "banquete", cortou duas laranjas e as devorou. Brinquei com ele. "Quem está doente não come desse jeito, presidente. Acho que o senhor está nos enganando."

Ele abriu seu conhecido sorriso. Alencar tinha orgulho de ter chegado vivo até ali. Mais do que ninguém, conhecia os detalhes daquela difícil caminhada, das noites maldormidas, das dores que sentiu em silêncio, das tonturas, das náuseas, da fraqueza, da respiração pesada e dos passos que o levavam a lugar nenhum.

Qualquer que fosse o estímulo, ele o recebia com louvor. Do corpo, cuidavam os médicos. Da cabeça, cuidava ele.

Combinamos que, se o tratamento evoluísse satisfatoriamente, nos encontraríamos em breve na Capital Federal. E foi lá, no Planalto Central, que o vice-presidente voltou a sentir-se mal. Uma cólica terrível no abdômen o trouxe às pressas para São Paulo. O diagnóstico foi obstrução intestinal. O tumor havia subido e se enrolado nas alças do órgão. Comprimiu uma delas e quase matou o paciente de tanta dor. A melhor solução era abrir, desobstruir e fazer uma colostomia, uma abertura de cerca de dois centímetros do lado direito da barriga, por onde seria encaixada uma bolsa para recolher as fezes. "Colostomia eu não quero", anunciou Alencar. "Faça o que quiser, menos isso."

O vice-presidente já havia estudado o tema. Sabia que poderia ser um candidato àquele procedimento. Mas considerava a colostomia uma humilhação. Tudo o que ocorrera com ele até então tinha sido interno. E a bolsa iria expor a segunda maior autoridade do país a constrangimentos. Os médicos adotaram apenas o tratamento clínico. Soro na veia, remédio para dor e muita reza. Funcionou e, dois dias depois, Alencar já estava no Centro Cultural do Banco do Brasil, onde o governo funcionava provisoriamente, devido à reforma do Palácio do Planalto.

Dois para lá, dois para cá. Quarenta e oito horas se passaram, e a cólica atacou de novo. Mais uma chegada de emergência ao hospital Sírio-Libanês, um dia antes de uma já marcada batelada de exames. Diante de uma nova obstrução, o vice-presidente foi parar, pela décima quarta vez, no centro cirúrgico. Os médicos Raul Cutait e Ademar Lopes abriram a barriga do paciente, retiraram tumores e desobstruíram a alça do intestino. A partir do ponto interrompido, eles mediram dez centímetros para a direita e para a esquerda, cortaram e emendaram. Foram seis horas de intervenção, e, em dois dias, o vice foi para o quarto. A estada no apartamento 1106 não foi longa. O tumor estava agressivo e fechou outra vez o intestino dele. Mais soro, mais remédio, e a via foi liberada, para alívio de todos.

O homem deixou o hospital caminhando com um ar vitorioso. "Não foi fácil. Mas saio animado."

A animação durou um dia apenas. A alça fechou de novo e ele foi trazido de madrugada de casa para a UTI. Sem alternativa, Alencar teve que se acostumar com a ideia da colostomia. Virou a página da humilhação e encarou aquilo como salvação.

As feridas nem sequer tinham se fechado e foram rasgadas de novo pelo bisturi. A cada cirurgia ficava mais difícil trabalhar naquele abdômen. Dez centímetros para lá, dez para cá, e a alça foi emendada. Alencar ficou sem mais alguns tumores e ganhou a tão odiada bolsa de colostomia, no intestino grosso, do lado direito da barriga.

Quando o vice-presidente acordou, percebeu que a bolsa era mais discreta do que imaginava. Ela ficava colada ao corpo, e não mais pendurada como no passado. Menos mal. Assim que teve alta, nos primeiros dias de agosto, ele foi direto para Houston para mais uma etapa do tratamento experimental. A avaliação dos médicos americanos não foi boa. Mesmo assim, decidiram continuar com o tratamento. Em vão. Na terceira visita do vice-presidente ao hospital de Houston, o diagnóstico foi uma sentença. O experimento não estava fazendo efeito, os tumores tinham voltado a crescer. A médica americana responsável pelo estudo comunicou Alencar, sem rodeios: "O senhor tem que sair do estudo. Não está funcionando, e eu não tenho mais nada a lhe oferecer".

Desconcertado, o vice ainda procurou o oncologista Robert Benjamin, no mesmo hospital. Ele concordou com a colega e disse a Alencar que ele tinha poucos meses de vida. Ao chegar ao hotel, o filho Josué não suportou a notícia, o estresse acumulado, e vomitou. Quando se recuperou, ligou para a mãe e contou, aos poucos, a situação. Até que veio a pior parte:

— Mamãe, as notícias não são boas. Os médicos interromperam o tratamento porque não está funcionando, e o prognóstico é ruim, poucos meses de vida. A senhora tem que se preparar. Nós todos temos que nos preparar.

— Quem esses médicos pensam que são? Eles têm contato direto com Deus? Quem sabe o dia é Deus — respondeu a devota de Nossa Senhora da Graça.

Embora sempre respeitasse a vontade de Deus, Alencar saiu de lá contrariado. Não concordou com aquele diagnóstico. Achava que ainda dava para lutar. O homem que deixou o hospital de Houston desenganado teve que ser erguido por um elevador de carga para entrar no avião. Não conseguiu subir a escada. A viagem foi péssima. Durante as dez horas do percurso, o vice-presidente, o filho, o oncologista, o médico da presidência e o coronel da segurança não dormiram e pouco se falaram. Não havia o que dizer. Estavam todos abatidos.

— O senhor não pode se deixar levar pelo que eles disseram, presidente. Vamos tentar outras opções — tentou animá-lo o dr. Paulo.

— O que dá para a gente fazer? — perguntou o paciente.

— Vamos buscar outra alternativa. Não vamos nos entregar — arriscou o médico.

Alencar voltou para Brasília, assim como o oncologista, que um dia depois receberia o título de cidadão honorário da cidade. Grato pelo esforço do médico, o vice-presidente compareceu à cerimônia na Assembleia Legislativa. Chegou desanimado, mas a festa, que era para o oncologista, se transformou numa homenagem a ele. E o ânimo voltou.

Na manhã seguinte, o dr. Paulo Hoff foi visitar Alencar no Palácio do Jaburu. Caminharam pela piscina até que o paciente desabafou: "Eu decidi que não vou mais fazer tratamento. Pensei bastante depois do que ouvi nos Estados Unidos. Estou resignado".

Sábado, 29 de agosto de 2009. Pela primeira vez, o homem curvou-se diante do que parecia ser o seu destino. Estava cansado, debilitado, sem forças para reagir. Não queria mais "tiros em vão". O médico, com paciência, explicou que ainda havia uma alternativa, que se ele quisesse poderiam tentar. Dois dias depois ele já estava tomando um combinado de quimioterapia convencional com um inibidor de tirosina quinase, um medicamento específico para sarcoma disponível no mercado.

A resignação morreu ali.

Vida vai, vida vem

Fazia calor quando minha colega Patricia Carvalho e eu desembarcamos em Brasília. No hotel, um motorista da vice-presidência, muito gentil, nos aguardava para levar-nos ao gabinete do vice. Adriano Silva, o assessor, nos recebeu. A sala de Alencar era grande, sóbria como ele, com uma mesa de reunião comprida, sofás e a mesa de trabalho ao fundo. E era lá que estava o vice-presidente da República, falando ao telefone. Vestia terno escuro e um pulôver bege. Como tinha começado o novo tratamento no dia anterior, ele sentia frio, embora lá fora estivesse quente. Cumprimentou-nos com a cordialidade de sempre. Mas percebi nele certo cansaço. Até aquele momento eu não sabia dos bastidores que hoje conto aqui. O homem à minha frente era um paciente com catorze cirurgias no currículo, desenganado e ressuscitado um par de vezes, e que estava condenado a conviver com boas e más notícias, que se alternavam na velocidade da luz. Não por acaso estava esgotado.

— Você vai gravar aí? — perguntou-me o entrevistado.

— Vou, sim.

Como desde pequeno aprendeu a não lidar com uma opção só, o comerciante, empresário e político mineiro olhou para minha colega e sugeriu, em tom de ordem:

— Não convém você também gravar, por segurança? Adriano, chame a secretária, dona Vera, para que ela grave também.

Duas opções ainda eram pouco. "Segurança ou insegurança?", pensei. Os olhos meus e os de Patricia se cruzaram e, em silêncio, disseram a mesma coisa: "O homem é desconfiado...". Foi sempre assim, na intuição e na observação, que descobrimos, aos poucos, a personalidade daquele ex-matuto mineiro.

O telefone celular de Adriano tocou:

— Como vai, Daniel? Olha, ele está desde as oito horas no gabinete. Vai ficar despachando aqui o dia todo.

— Ele vai receber alguma pessoa importante? — insistiu Daniel, do outro lado da linha.

— Não, não. Vai despachar mesmo. Tem muita coisa acumulada. Obrigado e bom dia — encerrou o chefe de gabinete.

Era Daniel Martins, produtor da redação do jornalismo da TV Globo de Brasília. Como Alencar tinha recomeçado o tratamento no dia anterior, ele queria saber se estava tudo bem e o que o vice-presidente faria naquele dia.

"Tá vendo?", disse Alencar. "Vocês, que são jornalistas, estão vendo que o pessoal fala mentira, né?" Gargalhada geral. "Ele não falou mentira. Ele faltou com a verdade", ensinou o vice. "É por isso que o Burnier não acredita em telefonema... Eu, hein? Vou falar pessoalmente com o Zé Alencar!", arrematou em tom de brincadeira.

Nem parecia que a vida daquele homem estava com os dias contados. Aquele cansaço e aquele desânimo deram lugar a uma incrível riqueza de detalhes de uma vida que já havia passado.

A memória prodigiosa trouxe datas, nomes, apelidos, "causos" e mais "causos". Seus olhos brilharam quando começou a falar do que mais gostava, de sua família, de seus pais.

A origem

Se há alguém em que Zé Alencar tenha se espelhado na vida, este foi seu pai, Antonio Gomes da Silva. Fluminense de Cantagalo e descendente de portugueses, ele nasceu doze anos antes da abolição da escravatura. Pintou e bordou com um escravo mais velho, que o pai, seu Innocêncio, havia escalado para tomar conta dele. Era quase uma punição. O pai sabia que o menino era uma espoleta, danado mesmo. Como, naquela época, ordem do patrão era obrigação, Antonio ia aonde não podia, escondia-se atrás da moita só para se divertir com o desespero do pobre escravo. Essa era a história mais contada na família e também a única da escravatura. O que se sabe é que Innocêncio produzia remédios à base de ervas que ele engarrafava e distribuía a quem pedia. Era a chamada garrafada, que atraía muita gente. Quando a Lei Áurea foi assinada, em 1888, nenhum escravo quis deixar a fazenda. Eles gostavam do patrão.

O avô de Alencar, seu Innocêncio, tinha se casado duas vezes. Com a primeira mulher, de quem nunca se soube notícia, teve um filho, Félix. Com a segunda, teve quatro filhos: Bárbara e Maria, gêmeas, Joaquim e Antonio, o caçula da pá-virada. Ele não conseguia pronunciar direito o nome do irmão mais velho. Em vez de Joaquim, saía Caquim. E assim ficou. Logo aquele apelido se espalhou como uma marca da família toda. "Família Caquim" era a grife. Quando seu Innocêncio morreu, em 1888, Félix, o filho mais velho, vendeu a propriedade e levou a turma toda para Macuco, um lugarejo pertencente a Muriaé, na Zona da Mata mineira. O irmão primogênito dividiu, entre os outros, o pequeno pedaço de terra que comprou. Dividiu tarefas para que eles se virassem. Entre as alternativas de suceder o pai e cuidar da família do segundo casamento ou tentar dar a eles condições de administrar a própria vida, escolheu a segunda e se foi dali para Matipó, ao norte de Muriaé, mais perto de Manhuaçu. "Para lá nós nunca fomos e para cá ele nunca voltou", contou Alencar.

Apesar de estarem no mesmo município, tudo era longe, e o transporte se resumia aos pés de cada um e às patas do único cavalo. O irmão mais velho ficou só na lembrança e nas raras cartas que mandava.

Joaquim tirava uns trocos com os carretos que fazia em seu carro de boi. Todos sabiam por onde andava. O canto das rodas era ouvido a distância. As duas irmãs se casaram com fazendeiros da região que, vez por outra, vinham visitar aquele cunhado, caçula da família, que entendia muito de negócios. Antonio pelejava com o arroz. E a gota-d'água veio justamente com uma tromba d'água. Ele ainda não tinha completado vinte anos quando a safra veio farta, linda, com os grãos todos cacheados. O arrozal que ele tinha pedido a Deus. Mas o que veio depois foi uma chuvarada sem-fim. O rapaz, que liderava turmas para trabalho na roça, juntou os amigos e afundou os pés na plantação, no meio do temporal. A água batia acima da barriga, não se via o arroz. E eles seguiram cortando o que dava para tentar salvar. Botaram no terreiro para secar, mas estragou tudo. Antonio, que já era pobre, ficou sem nada. "Nada tem força para vencer as intempéries!", desabafou com os amigos.

Desistiu de plantar e passou a gerenciar as empreitadas da turma. Ensinava a trabalhar na roça e contratava serviço a cada safra, fosse do que fosse. O desgosto com o arroz acabou empurrando Antonio para um ramo que, mal podia ele imaginar, mais tarde seria o pote de ouro de um de seus filhos e, de quebra, da família toda: o comércio de tecidos. Abriu uma lojinha na roça, em Vermelho, outro distrito de Muriaé. Era uma casinha simples, pobre, que vendia um pouco de tudo. Tecidos, calçados, ferragem, ferradura, chapa de fogão, enxada e cobertor no frio. Antonio comprava de caixeiros-viajantes. Tinha crédito porque era um homem sério, dedicado e que pagava como combinado. Havia estudado apenas alguns meses do primeiro ano, mas aprendeu a ler e a escrever com o pai.

A essa altura, ele já deixara para trás os vinte anos, era bem apessoado, tinha 1,75 cm de altura, olhos azuis, cabelo bonito e bem cortado. Tinha mãos largas, dedos grossos e unhas sempre limpas. "Ele tinha um capricho com as unhas. Cortava com canivete! Ninguém sabia fazer aquilo, mas ficava uma beleza!", lembrou Alencar.

Vestia sempre calça cáqui de brim e camisa clássica de algodão, com um bolso que, durante mais de trinta anos, carregou cigarros. Depois virou depósito de caneta, lápis e óculos para leitura.

Enfim, era um homem de traços elegantes, forte e muito bom na montaria de cavalo. Com tantos predicados, não ficou muito tempo sozinho. Foi fisgado por Dolores Barros Serrano Peres, uma mulher bonita, de pele clara e cabelos negros, de família espanhola. A mãe dela, avó de Alencar, era mulata escura, quase negra. "Era costureira, mulher de personalidade, ficou viúva muito cedo, criou a família, a mamãe era a mais velha", contou o neto.

No dia em que a moça completou dezoito anos, casaram-se. Antonio tinha 35 anos, e a mulher se tornou Dolores Peres Gomes da Silva. Naquela época, constituir uma família grande era de praxe. E os dois capricharam. Tiveram quinze filhos.

Pela ordem, produziram alegrias e tristezas profundas.

Udezira nasceu em 1913 e morreu meses depois de crupe, uma inflamação na laringe que provoca inchaço e pode levar à morte por asfixia. Geraldo veio no ano seguinte. Depois, Mário, que teve o mesmo fim da irmã mais velha; Maria, que ficou conhecida como Cotinha, e Álvaro, que acabou registrado pelo pai com esse nome a contragosto da mãe, que queria que ele se chamasse Sebastião. Ela nunca o chamou de Álvaro, sempre de Tatão. A "fábrica" não deu férias coletivas, e vieram Lucílio, o Lulu; Wilson, menino brilhante, muito inteligente, que morreu aos doze anos de tétano; Elza; Célia; Maria José; Alencar, em 1931; Wallace, outra vítima fatal do crupe; Antonio Filho, o Toninho; Maria Auxiliadora, a Dorinha, e, por fim, Dolores Maria, em 1942.

A POBREZA

Zezé não teve uma infância fácil. Não se lembrava de nada de Itamuri, onde nasceu em 17 de outubro de 1931. No distritozinho, dez anos antes, o pai tinha comprado uma casa comercial de esquina. Embaixo, abrigava a loja e, em cima, a família. Ali nasceram cinco irmãos antes de Alencar.

A casa vivia cheia. Como a família era grande, alguns parentes chegaram a morar com eles e ajudaram dona Dolores a criar a meninada. Foi o caso de Laura, filha de Maria, tia de Alencar. Coube a ela cuidar de Zezé. "Foi uma sorte minha, uma dádiva de Deus. A Laura era um doce de pessoa, gostava de mim como se fosse minha mãe. Eu devo muito a ela."

A prima se casou com um fazendeiro e se mudou para outro povoado da região. Mas, como a confiança que tinha entre os Caquim era total, ela pegava Zezé, onde quer que ele estivesse, e o levava para a fazenda para passar, às vezes, um mês inteiro.

"Eles tinham um carro puxado por cabrito, tipo carro de boi. Aquilo era uma festa para nós. A gente brincava o dia todo nas estradas do morro, armava arapucas no cafezal, fazia e soltava pipa sem enfeites, e ela não dava cabeçada para subir, não!", vangloriou-se Alencar.

Os negócios da venda iam bem, Antonio tinha crédito e uma boa freguesia. Ele vendia café a prazo para os fazendeiros para receber na colheita, em café, a um preço combinado antes. Com a quebra da Bolsa de Valores de Nova York, em 1929, a arroba caiu de 50 mil réis para 5 mil réis. Assim como muita gente mundo afora, Antonio quebrou. Perdeu tudo, vendeu o que tinha, pagou as contas e botou a família na estrada, de novo. Zezé tinha três meses.

Chegaram a Rosário da Limeira, outro povoado encostado em Muriaé, com quatro contos de réis no bolso. Não era nada. Mais tarde, quando o menino já entendia as coisas, o pai lhe confessou: "Meu filho, quando você nasceu, era o momento de maior pobreza da minha vida...".

Dessa fase, o vice-presidente se lembrava de algumas passagens apenas, embora tenha ficado ali seis anos e meio. Era muito menino ainda. Lembrou que seu pai, quando tinha tempo, gostava de jogar pôquer. E quem também adorava um baralho era o padre Américo Duarte. Então, eles se reuniam na Casa Paroquial e, junto com outros padres, se entregavam ao carteado. A dinheiro, claro. Mas pouco.

Zezé gostava de brincar na loja, corria para todo lado, atrapalhava o pai, mas começou a aprender a tomar nota de algumas coisas, de algumas vendas.

"Mário Serenário, um carretel de linha Coração, tanto. Alberto Ferrarez, duas ferraduras, tanto. Papai mandou comprar um carretel de linha. Perfeitamente, um carretel de linha. Foi assim que eu entrei em contato com o mundo dos negócios", recordou Alencar.

Quem aparecia sempre ali era o compadre Marota, que bebia muito. Certo domingo, o padre Américo fez um sermão muito bravo condenando o álcool. O povo respeitava o que o pároco dizia. Mais tarde, na venda, Antonio chamou o compadre e disse:

— Cê prestou atenção no sermão do padre Américo?

— Eu vi, sim, seu Antonio. Eu cortei o álcool. Só tô bebendo de cachaça para baixo...

Os dois riram, e Antonio se resignou. Sabia que aquele homem era incorrigível.

Zezé aprendeu a ler e a escrever com os pais, mas não se esqueceu do pouco tempo que passou na escola de dona Maria José, já no finalzinho da estada. "O primeiro caderno era de caligrafia. Tinha uma pauta estreita e outra larga. Uma para as letras maiúsculas, outra para as minúsculas. Terminar nessa linha sem ultrapassá-la era uma forma de dominar o movimento para fazer uma letra segura", contou.

Daqueles tempos, o que também ficou na memória foram as dores que as pedras, os carrapichos e tudo o mais que havia no chão de terra batida provocavam nos "pés de moça". Pés que tiveram de se acostumar a ficar descalços e que, poucos anos mais tarde, se tornaram duros, cascudos, quase uma sola de sapato natural.

Nem bem ele se acostumou com os exercícios de caligrafia e o pai mandou todos fazerem as malas, de novo. Antonio vendeu o que tinha e botou os pés na estrada. Comprou um "fundo de negócio", uma casa de venda, sem luz elétrica e sem água encanada, na fazenda do seu Mário Serenário.

"Na roça, os lugares não são necessariamente um povoado, são denominados pela descrição geográfica do lugar. Por exemplo, ali é o Ancorado, ali é o Canteiro de Cima e ali, o Canteiro de Baixo, para onde fomos."

O lugar nada mais era do que uma baixada, um terreno em declive para a direita coberto de pasto e mato. A casa tinha uma salinha, três quartos, uma sala de jantar ligada à cozinha por um corredor, a loja na frente e uma contraloja atrás. Ali havia uma cama encostada na prateleira. Era onde Zezé dormia. Do outro lado da parede ficava a cama de Joaquim, o tio Caquim. Apesar de pobre, a família de Antonio conseguiu conservar os móveis. A sala tinha uma mesa redonda de pés torneados com seis cadeiras, um sofá e duas poltronas. Tudo de madeira bem escura e maciça. A mobília era pesada, mas tinha desenhos delicados. A cama do casal era de jacarandá. Tábuas largas cobriam o chão de terra batida.

A água era de fonte natural. Do córrego que passava ali perto era trazida por toras de Ubaúba, uma árvore oca. Numa bica que chegava ao terreiro da cozinha, Antonio instalou uma pia. Mais ao fundo havia um rego d'água maior, onde ele construiu uma casinha com tábuas embaixo e um buraco no meio. Era o banheiro. Do lado, o chuveiro: uma lata de querosene toda furada virada de ponta-cabeça que pegava a água do mesmo veio. Era banho frio o ano todo, mesmo no rigoroso inverno da Zona da Mata mineira.

"Eu entrava, tomava aquele choque térmico, mas logo passava. Fechava a torneira e me ensaboava. Depois, soltava a água, tirava o sabão e pronto. Era um banho muito bom! Mas na roça era só de vez em quando...", admitiu Alencar.

Mais uma vez o talento e a seriedade de Antonio fizeram a loja progredir. Ele até assinava um jornal do Rio de Janeiro, o *Correio da manhã*, que chegava com quatro dias de atraso. Tão logo estourou a Segunda Guerra Mundial, em 1939, um homem chamado Pedro Correia ia à venda pedir o jornal emprestado. Ele era conhecido como Pedro Carlota, já que era filho de dona Carlota. Tinha se casado com Célia, filha de um fazendeiro, o capitão Justino Pedrosa. Antonio emprestava o diário, mas estipulava as condições: "Olha, Pedro, você é um moço bem preparado. Vê se não debulha o meu jornal que eu guardo todos aqui direitinho. Eu vou te emprestar, você leva, mostra para o capitão, mas eu quero o jornal de volta".

Todas as noites, seu Antonio Caquim, como era mais conhecido, reunia em sua casa fazendeiros da região que cavalgavam cinco, dez quilômetros para saber das notícias da guerra. Mandava Zezé desarrear os animais, raspar, tratar e soltar no quintal. Os homens se juntavam na sala e, à luz de lampião, o anfitrião lia o *Correio da manhã*. Adorava explicar os gráficos dos movimentos das tropas. Antonio gostava de geografia. Não frequentou escola. O que sabia aprendeu com os pais e, depois, sozinho.

Zezé guardou para sempre a noite em que ele ouviu, do pai, que Adolf Hitler tinha invadido a Polônia. Antonio não gostava nem um pouco daquele sujeito de bigodinho. Era um ditador. Mas ditadura era comum naquela época. O Brasil tinha Getúlio Vargas, a Argentina, Perón, a Espanha, Francisco Franco, Portugal tinha Salazar, a União Soviética, Josef Stálin.

"Sobre Hitler, papai falava: 'Esse homem tem parte com o diabo, esse homem é perigosíssimo, esse homem é um mal para a humanidade'", recordou o filho.

Antonio era do tipo de homem que se preocupava com a família e com o entorno também. Um dia, quando Pedro Carlota veio pegar o jornal, ele disse: "Pedro, você é um sujeito estudado, casado com uma normalista. Veja a situação desta meninada aqui. É filho de meeiro de café, de empregado, de gente da fazenda que não tem como estudar. Você tem que dizer para o capitão dar um jeito de montar uma escola aqui", sugeriu ele.

A ideia amoleceu o capitão. Ele doou uma tulha, um pequeno galpão de barro branco e pau de árvore coberto de sapé e chão de terra batida. A mando de Justino Pedrosa, um carpinteiro, fincou dois paus maiores e pôs uma tábua em cima. Depois, fincou dois paus menores e os cobriu com outra tábua. A mais alta era a carteira, a mais baixa, o lugar para sentar. A partir dali, tudo foi feito em mutirão. Os meninos ajudaram a barrear a tulha. Antonio fez um quadro-negro com tábua de caixote e piche, e trazia giz da cidade.

Logo cedo, Zezé caminhava, descalço, dois quilômetros até a escola. Levava sempre um porrete para espantar algum cachorro e outros bichos. Naquela região, os limites de tempo de uma caminhada eram medidos de acordo com os resultados dos buscadores de remédio. Gente que andava depressa por motivos óbvios. Eles percorriam uma légua em uma hora, ou seja, seis quilômetros em sessenta minutos. A passos firmes, o pequeno Alencar fazia o percurso em meia hora. Nada mal. Carregava um livro, um caderno, tinta num caneco e uma pena. Era para aprender a escrever à tinta.

A aula começava do lado de fora com o Hino Nacional, depois com o da Bandeira. Pedro Carlota ensinava moral e cívica. Dona Célia cuidava do resto: história, geografia, português e matemática. Eles não tinham compromisso curricular e ensinavam o que os meninos conseguiam assimilar. Foi ali, em cima de troncos, tábuas e com os pés no chão que, durante três anos, Zezé e treze coleguinhas aprenderam como nunca.

"Aquela escola foi a sorte da minha vida!", reconheceu mais tarde Alencar. "E pensar que tudo aquilo aconteceu por causa do jornal que meu pai assinava. Não fosse isso, o Pedro Carlota jamais iria lá em casa..."

O leite ferrado

A vida dos Caquim no Canteiro se normalizou aos poucos. O dia a dia era intenso. Antonio levantava cedo e abria a loja. Vez por outra ia à cidade. Dona Dolores trabalhava duro. Cozinhava, lavava e passava a roupa, cuidava da casa, da filharada e da bicharada. Tinha uma cabrita chamada Cambraia que dava leite só de vez em quando. Sabe-Tudo era o cachorro perdigueiro com que o tio Joaquim saía para caçar. E ainda havia porco capado, galo, galinha e frango para todo lado. Tudo para o gasto.

O dia de Zezé começava cedo, às seis da manhã. Tomava café adoçado com rapadura. Leite de vaca ninguém tinha o direito de tomar porque era caro. A exceção era o irmão Toninho, que tinha anemia e precisava de leite enriquecido com ferro. Zezé era o encarregado de buscar, todo santo dia, na primeira hora, o leite na fazenda do seu Américo Laureano. O tio Joaquim botava o leite numa frigideira, que já estava em cima do fogão à lenha. Com um alicate grande, ele pegava uma ferradura bem enferrujada e a colocava no fogo, direto na brasa. Quando ela ficava bem vermelha, ele a tirava com o alicate e punha dentro do leite. Depois, passava para uma caneca para esfriar. Era o leite ferrado.

Zezé morria de vontade de tomar aquele leite puro, gostoso e gorduroso da vaca. Sempre que chegava na fazenda do seu Américo, planejava pedir uma caneca para o filho dele, o Jair, que era quem ordenhava. "Eu nunca pedi. Tinha certa preocupação de que ele negasse e eu não queria levá-lo a negar uma canecazinha de leite...", justificou Alencar.

O menino voltava para casa cabisbaixo, frustrado, e com o desejo latente. Uma vez percebeu que, no caminho, havia uma bica d'água. E seus olhos estatelaram diante da ideia que lhe ocorreu. Zezé trazia o leite numa garrafa tampada com um pedaço de sabugo de milho. O gargalo era mais comprido, tinha um "pescoço" maior. Então ele passou a pedir ao Jair que enchesse até a boca a garrafa. Como não dava para tampar, pagava os duzentos réis e saía com a garrafa numa mão e a "rolha" na outra. Longe dos olhos do retireiro, Zezé tomava o tanto que havia no gargalo. Saboreava com se fosse o litro todo. Passava na bica e preenchia, com água, o tanto que tinha tomado. Tudo para ninguém desconfiar. O que Toninho só descobriu anos mais tarde foi que aquele leite que tomava era ferrado e aguado...

A VIGIA

Os olhos tristes do vice-presidente denunciaram quanto ele se arrependeu daquela traquinagem com o irmão mais novo. As imagens do passado, que estavam ali tão vivas, começaram a se afastar quando dona Mariza ligou. Disse que ele precisava parar por duas horas para almoçar. "Bem, não encrenca comigo, não. Eu tô ocupado. Eu não preciso de duas horas para almoçar", respondeu incisivo o marido. Então, um breve silêncio se fez e Alencar ouviu algo que o fez mudar de postura. "Não, perfeitamente, não tem problema nenhum. Perfeitamente. Nós vamos almoçar à uma hora. Eu vou levá-los comigo, tá bom?"

Desligou resignado. Um dia depois de recomeçar a quimioterapia, ele não podia fazer nenhuma estripolia. E dona Mariza o vigiava o tempo todo.

"Ótimo! Então tá resolvido. Agora são 11h20 e vamos almoçar à uma hora. Temos tempo demais para trabalhar."

Alencar estava seduzido pela memória. Não queria parar de falar de sua vida, de seus defeitos e de suas virtudes. Sabia que estava no fim e queria deixar tudo aquilo registrado. Tinha sido um lutador a vida toda, e não um santo. Na sua cabeça, o câncer abriu uma oportunidade de se redimir consigo mesmo.

"A doença me fez um homem melhor", disse certa vez.

A vitória

Quatro anos e meio depois, os Caquim passaram sebo nas canelas, de novo. Foram do Canteiro de Baixo para Pirapanema, outro distrito ali perto. Antonio matriculou Zezé na escola de uma outra professora Célia, esta, Célia Macedo. Só havia os três primeiros anos do primário, que o menino já tinha cursado na tulha. Para não contrariar o pai e ficar sem estudar, ele aceitou fazer de novo o terceiro ano.

"Fiquei muito bem embasado em matéria de terceiro ano primário", brincou Alencar.

Foi nessa época que o menino levou um dos maiores sustos da vida. Um médico de Rosário da Limeira, que estava noivo de sua irmã Elza, chegou para uma visita. Como de praxe, Zezé foi escalado para desarrear a besta, guardar a sela, raspar o animal, dar sal, dar milho e soltar o bicho. Não muito perto dali tinham alugado um pasto numa estradinha estreita onde de um lado ficava o campo de futebol, do outro uma cerca de arame farpado e o tal do pasto. Já estava anoitecendo e um temporal se armou com muitos raios e relâmpagos. Foi a última lembrança que teve. Um raio atingiu a cerca, a besta se assustou e jogou Zezé no meio do mato. O menino foi encontrado justamente por causa da luz dos relâmpagos, que iluminou a estrada. Estava desmaiado, com um corte no braço.

Antonio e Dolores se davam muito bem. Nas poucas vezes que brigavam, o motivo era aquela tentação incontrolável que ele tinha de se mudar.

"Você tem que criar juízo, Antonico!", reclamava Dolores. "Você parece cigano! A gente vem, compra, arruma escola e sai..."

Antonico não tomou jeito. A estada em Pirapanema durou um ano e meio. Foram para o centro de todos aqueles povoados satélites, Muriaé. O pai quis matricular o filho numa escola melhor, particular. Bateu no Colégio Edmundo Germano, do coronel de mesmo nome e que tinha como professora suas duas filhas: dona Mocinha e dona Edmen. Quem atendeu à porta foi dona Mocinha. Antonio apresentou o filho e disse que ele havia feito os três primeiros anos do primário na tulha e, depois, outra vez o terceiro ano em Pirapanema. A professora e dona da escola não se comoveu e disse que o menino não tinha condição de fazer o quarto ano ali.

O pai insistiu: "Dona Mocinha, eu queria que a senhora fizesse um teste com ele, do que a senhora quisesse, um teste. Se ele passar é admitido. Se não, não".

Antonio tinha muito respeito pelo coronel Edmundo Germano, com quem já havia negociado muito café. Ele contou isso a dona Mocinha para "engrossar o caldo" do discurso. Deu certo.

"O senhor pode ir embora. Daqui a umas duas, três horas, o senhor volta aqui para pegá-lo", disse ela.

O pai se foi e o menino entrou com dona Mocinha. Na varanda da grande casa onde funcionava a escola, a professora colocou a folha da prova em cima da mesa e orientou: "Quando acabar, você pode me chamar. Mas você vai terminar daqui umas duas horas, na melhor das hipóteses".

Zezé olhou para a folha e logo percebeu que ia tirar de letra. Fez tudo em vinte minutos. Bateu à porta e nada. Bateu com mais força, chamou e... nada. "Não posso deixar a professora voltar daqui a duas ou três horas porque senão ela vai achar que eu gastei todo esse tempo para fazer a prova", pensou o menino. Experimentou a maçaneta e a porta estava destrancada. Foi entrando e chamando por dona Mocinha. Até que ela veio.

— Que foi, meu filho?
— Eu terminei.
— Já terminou? Deixe-me ver.

A professora percorreu a folha com os olhos, que se arregalavam mais a cada resultado certeiro do teste. Virou a página, olhou para Zezé e puxou o menino para a cozinha. Apresentou a ele as pessoas que lá estavam e disse:

— Nosso novo aluno!

O menino se emocionou. Ganhou um copo de café com leite e um pedaço de bolo. Dona Mocinha anotou o nome, o endereço de Zezé e o matriculou. Entrou no quarto ano primário numa sala de 28 alunos. A cada aula havia uma classificação. E o menino da tulha sempre ficou entre os primeiros.

"Aquilo foi a minha maior vitória do tempo que estudei. No fim daquele ano, eu até ajudava a tomar lição da criançada", lembrou-se, aos prantos.

No Jaburu

Já recuperado da comoção provocada pela lembrança daquele exame de admissão, Alencar elegantemente convidou minha colega Patricia para ir com ele no carro oficial. Adriano e eu fomos atrás, num carro mais modesto.

O Palácio do Jaburu é desde 1977 a residência do vice-presidente da República. Fica ao lado da lagoa, de onde tirou o nome, às margens do lago Paranoá e entre os palácios do Planalto e da Alvorada, residência do presidente. É uma das majestosas construções de Oscar Niemeyer que privilegia mais a área externa do que a interna. Foi construído exclusivamente para ser uma moradia. Numa área de 190 mil metros quadrados, tem um enorme jardim criado por Burle Marx, com dezenas de espécies de árvores típicas do cerrado. Ali, entre uma infinidade de pássaros, chama a atenção a quantidade de emas que transitam livremente.

A decoração é sóbria, com mobiliário de madeiras escuras e trabalhadas. Alencar nos levou à piscina, de onde se vê o jardim.

"Eu adoro este lugar. Isto aqui é uma maravilha!", confessou a autoridade.

Nem bem nos sentamos à mesa do almoço e o assunto já era a repercussão da homenagem que Alencar havia feito, dias antes, a uma das médicas do Sírio-Libanês, no momento em que deixava o hospital. Eu mesmo tinha feito aquela matéria para o *Jornal Nacional*, que terminava com o vice-presidente cantando um trechinho da música "Na baixa do sapateiro", de Ary Barroso.

"Uma das médicas, eu pensei que ela fosse mineira porque ela é muito bonita. Mas ela me disse que é baiana. Então eu só tive como homenageá-la cantando um samba de Ary Barroso. 'Eu encontrei um dia a morena mais frajola da Bahia...'", encerrou cantando.

A partir daí, a conversa descambou para a música. Animado, Alencar contou que o irmão Tatão tocava chorinho ao estilo de Jacó do Bandolim, o mestre dessa arte. E que Mariza, a mulher, aprendeu piano e chegou a tocar um concerto dificílimo de Tchaikovsky. Depois, caiu em Ouro Preto, quebrou a mão e largou o piano.

"Ainda assim compramos um violão. Eu tocava um pouco e ela outro pouco com a ajuda de uma professora."

O vice-presidente tinha bom ouvido. Gostava de "música de verdade", como o samba de Ary Barroso, o de Lupicínio Rodrigues e o de Nelson Cavaquinho.

"'Tira o seu sorriso do caminho que eu quero passar com a minha dor, hoje para você eu sou espinho, espinho não machuca flor.... ooo, eu só errei quando juntei minha alma a sua, o sol não pode viver perto da lua...', e por aí vai...", cantarolou.

Agora, Noel Rosa.

"'... nosso amor que eu não esqueço, e que teve o seu começo numa festa de São João, morre hoje sem foguete, sem recado e sem bilhete, sem luar, sem violão, perto de você me calo, tudo penso nada falo, tenho medo de chorar, nunca mais quero seu beijo, mas meu último desejo, você não pode negar, se alguma pessoa amiga pedir que você lhe diga se você me quer ou não... diga que você me adora, que você lamenta e chora a nossa separação, e as pessoas que eu detesto, diga sempre que não presto, que meu lar é um botequim, que eu arruinei sua vida, que eu não mereço a comida que você pagou para mim... Você vê que meu lar não é um botequim, é o botequim...' Noel foi um colosso!"

E o espetáculo do vice-presidente continua. Chico Buarque.

"'Apesar de você amanhã há de ser outro dia...' É muito bom esse samba, eu não sei, mas é muito bom esse samba."

Eu estava pasmo. Como é que um homem que está sofrendo os efeitos colaterais de uma quimioterapia e que já passou por quinze cirurgias pode estar animado desse jeito? "O livro pode demorar, mas já produziu um efeito", pensei. Alencar estava adorando contar sua história. Impressionante como a cabeça manda. Para terminar o recital, citou Caetano Veloso, Ataulfo Alves e Araci de Almeida.

Assim que terminou de comer, Alencar dissolveu uma colherinha de bicarbonato num copo d'água e explicou: "Há alguns meses eu estou tomando isso. Tem um italiano que defendeu o bicarbonato contra o câncer e foi aplaudido de pé nos Estados Unidos, mas se não fosse latino...".

Pareceu desconfiar, mas, na dúvida, tomou, "já que mal não faz", imaginei. E dá-lhe bicarbonato de sódio. Eram vinte para as três da tarde e Alencar disse que ia descansar:

— Nos encontramos às quatro.

— Melhor quatro e meia, presidente — disse eu.

Deixamos o homem dormir. Só voltamos lá depois das seis da tarde.

O escritório do vice-presidente no Jaburu, para variar, era simples. O que chamava a atenção eram as grandes janelas voltadas para o jardim. O clima estava agradável — para nós, porque o paciente sentia o frio da quimioterapia. O inibidor de tirosina quinase, o medicamento para o sarcoma que ele começara a tomar, produzia efeitos desagradáveis. Alencar ficava sensível à temperatura, cansava-se muito fácil, a respiração se tornava mais difícil e sua resistência imunológica muitas vezes desabava.

Por ele, a porta estaria fechada para cortar a corrente de ar. Mas, por nós, ele a deixou entreaberta. Não houve jantar. Vieram iscas de peixes que o vice comeu com prazer. Um detalhe que eu já tinha percebido no almoço: todos os funcionários do palácio são militares do Exército, desde os que servem até os que cozinham.

O que parece estranho à primeira vista se transforma em algo normal depois que passamos algumas horas ali. E sou testemunha: os caras são bons.

O compromisso com a saúde impunha uma rotina rígida. Tinha horário para tudo. Para tomar remédio, para comer, para descansar, para fazer fisioterapia, para trocar a bolsa da colostomia e para trabalhar. Assim, nada melhor que a rigidez militar para ajudar aquele homem a administrar tudo aquilo. As ordens vinham sempre de dona Mariza. Ela escolhia o cardápio, estipulava os horários, distribuía tarefas. Ali dentro, quem mandava era ela. "Não abuse, José. Quando ficar cansado, pare", orientou a "chefa" pelo telefone interno.

Se o corpo reclamava da doença, dos remédios, das cirurgias, a cabeça resistia bravamente. Alencar sempre gostou de contar suas histórias, mas nunca tinha ficado tanto tempo seguido falando de si mesmo. A memória dos tempos duros e dos vitoriosos vitaminou aquele organismo. Ele estava ávido por reviver, por falar. E como falou...

Amigos

Morar na cidade era muito diferente do que na roça. A velocidade era outra, e os estímulos também. Seu Antonio abriu um armazém num barracão de esquina que ficava próxima do inferninho de Muriaé, a zona boêmia. Zezé ajudava o pai fazendo entregas numa carrocinha. Estudava de manhã no Colégio Edmundo Germano e, quando não tinha serviço, brincava na rua.

Ele e seu inseparável irmão mais novo, Toninho, logo arrumaram amigos. A turma era grande. Tinha o Jésus, o Jair, o Zé Carlos, o João Basílio, o Totonho, que de tão magro era chamado de Meio-Quilo, o Evaldo, o Alaor, o Bibica, o Neném, o Dendém, o Bruno, filho do sapateiro, e o William Pinto, o Lilico, o líder. Alencar gostava muito dele. Era criativo, inventava brincadeiras e incrementava outras, como halley-halley, que para eles significava "mãos ao alto".

"Fui visitar muitos anos depois o Lilico e me arrependi. Ele estava mal e não me reconheceu. Fiquei muito triste", lembrou Alencar.

Quando jogavam bola na rua, quem sempre ia para o gol era o Florin, o Fioravante Del Vecchio Maduro. E por uma razão inusitada. A mãe dele tinha três filhos homens e sonhava em ganhar uma menina. Tanto que, quando ficou grávida pela quarta vez, ela comprou o enxoval feminino. E veio mais um menino. Pois o coitado foi obrigado pela mãe a usar roupas de menina durante um bom tempo. Usava saia mesmo. E por isso ia para o gol, "porque entre as pernas a bola não passava", justificavam os colegas às gargalhadas. As peladas eram na rua, em frente à casa de dona Olímpia, mulher distinta de família germânica. A Guerra Mundial, a segunda, ainda não havia terminado. E Lilico, o líder, cismou que dona Olímpia era espiã alemã. Todos tinham uma implicância com ela porque, toda vez que a bola caía no quintal da casa, dona Olímpia pegava uma faca e furava a bola de capotão. Um dia, eles resolveram entrar lá para tentar encontrar um rádio escondido ou algo que provasse a teoria do líder. Encontraram o filho Odilon, mais velho, que depois foi a uma loja e comprou uma bola novinha para a turma. A cisma e as bolas furadas acabaram ali.

Toninho, o irmão de Zezé, adorava uma briga. Tanto que ele provocava todo santo dia um menino, Edinho, que vinha do matadouro para a cidade para vender chouriço. "Chouriço! Chouriço!", gritava o menino. E Toninho emendava "chouriço de sangue de boi!". Chouriço é feito com carne e sangue de porco. Edinho não aguentava aquilo, punha a cesta no chão, corria atrás de Toninho, e o pau comia. Quem muitas vezes separava era Zezé.

Com treze, catorze anos, os meninos da turminha já começavam a se interessar pelas moças. Faziam fila para ver a bela Emiliana tomando banho no chuveiro do quintal. Um dia ela se distraiu, deixou o trinco solto e a porta abriu. Ela, do jeito que veio ao mundo, viu um bando de moleques petrificados à sua frente.

Havia outra, a Maria Luíza, filha do seu Oliveira alfaiate, que cantava que era uma beleza. Zezé sempre parava na frente da casa dela para ouvi-la imitar Dalva de Oliveira, Emilinha Borba, Araci de Almeida e Marlene. Foi nessa época que Alencar teve uma alegria e uma frustração amorosa. Nos fins de semana à noite, a praça João Pinheiro, no centro de Muriaé, era o ponto de encontro. As mulheres rodavam para um lado e os homens para o outro. O propósito era ficar frente a frente. Todos vestiam suas melhores roupas para o evento. Quando era Carnaval, os meninos jogavam lança-perfume nas preferidas — naqueles anos, lança-perfume era vendido livremente e servia apenas como uma brincadeira.

Numa daquelas noites, Zezé reconheceu Ione Silveira, com quem ele tinha flertado ainda em Miraí. Lá, ela andava de patins na calçada e os dois trocavam olhares. Isso já era o bastante para que aquilo fosse considerado um namoro, mas eles também brincaram e dançaram juntos várias vezes. O pai dela tinha se mudado para Muriaé, onde comprou uma padaria pertinho da praça central. Os dois se cruzaram, e ela não olhou para ele. "Será que ela não me viu?", estranhou o garoto. Deu outra volta, cruzou com Ione de novo, e nada. Descobriu que ela estava namorando o Zezinho, filho do dono da maior casa comercial de Muriaé, o Bazar São Cristóvão.

"Como é que eu podia concorrer com o Zezinho? Primeiro, eu era um cara feio e ele era bonitão. Depois, ele era rico e eu, nem um pouco. Os dois acabaram se casando", recordou o resignado preterido.

Àquela altura, Zezé já deixava claro duas características que virariam marcas de conduta. Ele era realista e pragmático. E também não gostava de ser contrariado.

Quando acabou o quarto ano do primário no colégio Edmundo Germano, o menino Alencar se transferiu para o Ateneu São Paulo, o melhor ginásio de Muriaé. Estudava na parte de baixo, descia a escada, virava à esquerda e entrava na segunda sala à direita. Sentava-se na segunda fileira porque gostava de prestar atenção no professor. Duas fileiras atrás, mais ao centro, sentava-se Avertino Gomes da Silveira, de uma família conhecida na cidade. Eram colegas e amigos. Um dia, como sempre faziam depois da aula, começaram a jogar "boleba", como eles chamavam bolinha de gude. Houve uma discussão entre os dois por causa da distância em que um deles ia fazer a jogada. Media-se com palmos de onde o jogador arremessaria, com a ponta do dedão, a bolinha que já estava em posição, "abraçada" pelo dedo indicador.

A jogada era de Zezé, e ele queria, claro, arremessar de mais perto. Avertino protestou e discutiu feio com o colega. Levantou-se e deu a senha para a briga: cuspiu no chão. Alencarzinho não recuou e "comprou" a briga, pisando em cima da cusparada de Avertino. Marcaram o embate para o largo da praça da prefeitura que tinha um losango no meio, cheio de areia branca fininha. Chegaram, colocaram os livros em cima do banco e se atracaram.

Logo se formou uma rodinha da garotada incentivando e torcendo para um e para outro. Brigaram muito, foi porrada para todo lado. Até que um senhor abriu a roda e separou os dois. Avertino estava com o nariz sangrando e Zezé, todo esfarrapado.

"Deu empate. Nós brigamos feio, não houve ninguém que recuasse", contou, saudoso, o vice-presidente da República.

Pouco tempo depois, seu Antonio cansou daquela cidade e levou a família para Miraí, trinta quilômetros distante. E Zezé não viu mais Avertino. Mais de quinze anos depois, Alencar já estava bem estabelecido em Ubá quando teve que ir a Muriaé. Foi num carro que tinha acabado de comprar, um Aero Willys. Entrou na cidade, desceu pela Barra, fez uma curva à direita e outra à esquerda. Naquela época, o sentido era único, mas, de repente, apareceu um carro na sua frente e os dois bateram. Como mandava a regra, bateu tem que sair do carro. Os dois saíram.

"Era ele! O Avertino! Aí eu disse: 'Avertino, só tem um jeito, vamos recomeçar a nossa briga!'. Rimos muito e continuamos grandes amigos", contou.

De sair no tapa, foi a única vez. Mas a grande briga da vida de Alencar estava em gestação. O menino, que aprendeu a não recuar, percebeu que precisava ousar.

Gênese do sucesso

Zezé sempre encarou as decisões do pai como corretas e sábias. Aprendeu desde cedo a se adaptar às mudanças, uma rotina na família. Aprendeu a conhecer pessoas, a fazer amigos e deixá-los de uma hora para outra. Criava raízes com a mesma rapidez que as arrancava. Mas em Miraí nem isso ele quis. Com catorze anos, a responsabilidade já começava a resvalar seus ombros. Não queria aquela vidinha, queria mais: queria construir seu caminho.

O rapaz soube que o Ginásio São Paulo, em Muriaé, ia montar um curso à noite. "Posso trabalhar de dia e continuar estudando", vislumbrou o menino. Falou com o irmão mais velho, que era representante comercial de uma fábrica de tecidos do Rio de Janeiro, a Custódio Fernandes. Geraldo viajava sem parar e conhecia muitos comerciantes. Arrumou um trabalho para o menino como balconista numa loja de tecidos, calçados, chapéus e presentes de Muriaé chamada Sedutora de Souza e Irmão Ltda. Os sócios eram Geraldo Magela e Jair de Souza.

Zezé voltou à "capital" da região sem dinheiro, apenas com uma malinha de madeira. Dentro, três mudas de roupa: três calças, três camisas, três cuecas, três pares de meia e três lenços. Usava um terno azul-marinho e o único par de sapatos, com um furo numa das solas. Foi direto à loja, de mala e cuia. Geraldo Magela, o dono, o recebeu e combinou o salário: trezentos cruzeiros por quinze horas de trabalho por dia. Nunca tinha ouvido falar de tantos números na vida — nem para dinheiro, nem para carga horária. Estava ótimo para ele. O patrão indicou o Hotel da Estação para Zezé morar: "Procure a dona Maria Cantamissa. Pode falar em meu nome", orientou Geraldo.

Cortada por uma boa malha férrea, por causa do próspero comércio de café, a região era bem servida de trens. O hotel de dona Cantamissa ficava bem em frente à estação. Não era grande coisa, mas o suficiente para viajantes em trânsito terem uma boa noite de sono. Os banheiros eram daqueles coletivos e ficavam no corredor, fora dos quartos. Diante de um menino que visivelmente se vestira da melhor maneira possível, mas que ainda assim parecia desarrumado, a dona do hotel mostrou desconfiança.

— Vim para trabalhar na loja do seu Geraldo Magela. Foi ele que me recomendou procurar a senhora — disse o candidato a hóspede.

— Quanto você vai ganhar?

— Trezentos cruzeiros — respondeu, todo orgulhoso, o menino.

Dona Cantamissa, com paciência, explicou que alugava os quartos só para diaristas. Mensalista só havia um, seu Milton, o contador de um banco na cidade que pagava 420 cruzeiros por pensão completa, ou seja, com café da manhã, almoço e jantar.

Com o que ele ganharia de ordenado não daria para pagar nem o hotel.

O menino deu a volta.

— Quanto a senhora cobraria só pelas três refeições?

— Ah é? E você vai dormir onde, meu filho?

Esperto, Zezé apontou pela janela para o banco da praça da estação.

— Durmo ali no banco, e a senhora guarda minha malinha e me deixa tomar banho.

Em sua primeira negociação, o sucesso veio pelo coração. Dona Cantamissa levou Zezé até um canto do corredor do hotel e disse que armaria ali uma caminha velha para ele dormir.

— Mas por quanto?

— Duzentos e oitenta cruzeiros com pensão completa.

Naquela altura, o menino já tinha percebido que estava "ganhando o jogo" e seguiu na negociação, na pressão.

— A senhora tem que fazer um precinho melhor. Eu vou dormir no corredor...

— Tá bem. Duzentos e vinte, então — respondeu, resignada, a dona.

— Fechado! Mas com roupa lavada!

A mulher acabou se encantando com a capacidade precoce de comerciar daquele menino. A temporada ali durou pouco mais de um ano, tempo suficiente para o menino encher os olhos de dona Cantamissa e de seu Milton, o contador. Os dois falavam do menino para muitos viajantes. Um deles, João Bonfim, se interessou mais do que os outros pela história e quis conhecer aquele menino. O comerciante era dono de uma das mais importantes lojas de Caratinga, município a quase duzentos quilômetros ao norte de Muriaé. Gostou de Zezé e o convidou para trabalhar com ele.

"Não sei quanto você vai ganhar, mas posso garantir que não vai morar num corredor, vai morar num quarto", propôs João Bonfim.

O coração de Zezé disparou. Era uma bela oportunidade de melhorar de vida. No dia seguinte, o menino contou a proposta para seu Geraldo Magela, seu patrão. O homem deu de ombros: "Você é menor, não vai sair daqui, seu pai não vai permitir isso, ainda mais para Caratinga, que é um lugar perigosíssimo, tem muita morte lá", apostou o patrão.

Não desanimar já era uma característica dele, e Zezé foi a Miraí pedir ao pai que o deixasse ir. Seu Antonio ficou dividido. Por um lado, sabia que era uma oportunidade para o menino ganhar muito mais. Mas não conseguia dizer ao filho "vá para Caratinga, onde não temos nenhum parente, não temos nenhum conhecido". Zezé insistiu que as informações sobre a família Bonfim eram as melhores, gente de bem, gente séria. Seu Antonio não resistiu, deu a autorização e disse: "Procure andar com gente melhor que você, meu filho".

Calejado, o pai sabia que era um tiro no escuro. Mas, no fundo, tinha confiança de que o fruto viria. Depois de Geraldo, o filho mais velho, Zezé era o que mais tinha o jeitão para se dar bem na vida. A única coisa que o pai não tinha ideia era no que aquele menino iria se transformar.

O respeito

Foi com muita luta que ele conseguiu chegar a um lugar chamado Realeza, que se resumia a um restaurante, um bar, um posto de gasolina e um hotel de beira de estrada. O ônibus quebrara, e sair dali ia demorar. Todos desceram e ocuparam, cada um, um quarto; depois jantaram. Zezé esperou todos se acomodarem, foi ao balcão do outro lado e comprou um pão. E sentiu, no bolso, o gostinho amargo da cidade grande. Pagou duzentos cruzeiros. Ou seja, dez por cento de tudo o que tinha se foram com apenas um pão.

O menino voltou para o ônibus, fechou os vidros, encolheu-se na poltrona por causa do frio e comeu seus duzentos cruzeiros... Enquanto os outros dormiam no hotel, ele viu um caminhão lonado parando no posto de gasolina. Zezé desceu do ônibus e começou a andar como se não quisesse nada. Chegou mais perto e se apresentou.

— O que você tá fazendo aí, menino?

— Tô indo para Caratinga. O ônibus quebrou e eu tive que ficar aqui. Só que eu tenho compromisso lá com o João Bonfim. O senhor conhece o João Bonfim?

— Conheço. Família Bonfim — confirmou o homem.

— Será que o senhor me leva? Porque eu tenho que me apresentar amanhã de manhã na Casa Bonfim, onde eu vou trabalhar...

— Eu posso te levar, mas a bagagem, não. O caminhão tá lotado e tá lonado. Eu te levo aqui na boleia, você vai prensado entre mim e o motorista, não tem problema. A boleia é larga, dá até três homens, ainda mais um menino igual a você... — concordou o dono da boleia.

Zezé sentiu um misto de orgulho, por ter se virado bem, e raiva, porque não gostava que o chamassem de menino. Quando o caminhão chegou ao destino, Caratinga estava um breu. Ficou sem luz por causa do rompimento de uma barragem. No centro, o homem orientou Zezé a seguir pela avenida Olegário Maciel. "Tá tudo escuro, mas a rua você enxerga. Vai indo e logo vai ver as pensões. Escolhe uma e fica."

Dito e feito. Desceu a avenida e viu numa placa Pensão Globo. Bateu e perguntou se havia um quarto. A mulher respondeu que havia uma cama e levou o garoto até um quarto, onde um sujeito já dormia. Zezé deitou na outra cama e dormiu pensando na mala, que tinha ficado no ônibus. A garantia dele é que estava com o tíquete. Poucas horas depois, ele acordou e com a mesma roupa ficou. Não havia escova de dentes. Lavou o rosto e foi tomar café. Contou a aventura daquela noite e explicou por que estava sem a mala. O garoto sabia que só iam acreditar nele e respeitá-lo quando a bendita bagagem chegasse. Saiu para conhecer Caratinga, uma vez que ainda era muito cedo, seis da manhã.

Quando o relógio deu sete horas, Zezé bateu na residência do seu João Bonfim. Apareceu uma mulher, dona Ana.

— O que é, meu filho?

— Eu vim para trabalhar com o seu João.

— Mas hoje é feriado aqui, menino.

— Mas e o João?

— Ele tá dormindo. Volta amanhã — disse dona Ana.

Ele saiu andando de novo pela cidade. Ao chegar de volta à pensão, a mala tinha chegado, para alívio geral. No dia seguinte, bem cedo, Zezé foi direto para a Casa Bonfim, graças ao conhecimento adquirido com suas andanças. O dono da loja apareceu e encontrou o garoto na porta, ainda fechada.

"Olha, você não vai poder entrar hoje, não. Volta amanhã porque eu tenho que dispensar um camarada aqui. E é melhor assim, que ele saia antes."

Zezé se lembrou da "cidade perigosíssima" sobre a qual seu ex-patrão Geraldo Magela havia alertado. Exagero ou não, melhor acreditar. Ele concordou e só começou a trabalhar depois da demissão do sujeito. Pouco a pouco, o rapaz foi avisado pelos colegas sobre o lugar onde ele tinha vindo parar.

Caratinga ficou meses sem luz por causa do problema na barragem, e o que o menino arrumou para iluminar o seu caminho da loja até a pensão virou motivo de chacota: "Hahaha... Essa lanterna é de moça!", gargalharam seus colegas.

Zezé detestava ser caçoado, diminuído. O problema foi que ele comprou uma lanterna de duas pilhas, e a convenção, na época, estabelecia que homem usava lanterna de três pilhas. O forasteiro não hesitou e trocou. Todo orgulhoso, entrou na loja carregando a lanterna de homem com a mão direita. "Agora quero ver me gozarem", pensou ele. Pois gozaram.

— Ei, rapaz! Lanterna a gente não carrega com a mão direita, mas com a esquerda. Se você precisa tirar o revólver, como é que faz?

— Revólver??? — perguntou o lívido novato.

— É. Aqui no Caratinga você não pode andar desarmado.

— Que é isso! Eu não tenho inimigo!

— Ah, não precisa ter inimigo, não. Morre fácil aqui.

Era o sabor amargo da cidade "grande". Fazer-se respeitar, pelo visto, ainda levaria um tempo. Mas o orgulho próprio daquele menino atirado tinha pressa. Ele correu até uma loja e comprou um revólver. E a cena se repetiu: voltou com o trabuco na cintura todo vitorioso. Mas, mesmo assim, a "galera" caiu matando em cima dele: "Ih! Olha só! O Zé comprou um revólver de moça!".

O calibre era 32, e homem só usava de 38 para cima... A decepção virou fúria. Mas ele engoliu em seco. E foi atrás de outra troca, por uns cruzeiros a mais, claro. O novo revólver era tão grande que, ao colocá-lo na cintura, o rapaz magrinho ficava entortado para o lado. "Melhor dobrado do que parecer uma moça", concluiu ele. Só aí a gozação acabou. E, felizmente, nunca precisou usar a arma.

Zezé, àquela altura, já impressionava o chefe pela destreza precoce no balcão. Vendia, comprava e negociava como nenhum outro. Começou ganhando seiscentos cruzeiros, o dobro do salário no primeiro emprego, em Muriaé. E, mesmo sem pedir, logo passaram para 1.200, o mesmo que ganhavam os outros com mais tempo de casa. A prova de que a vida estava melhorando veio com uma mudança de endereço. Saiu do quartinho na pensão Simpatia, onde morava desde que deixara a pensão Globo, e foi para outro, bem maior e melhor, no Hotel Avenida, com varanda de frente para a avenida Olegário Maciel, a principal. Embaixo ficava a agência do Banco do Brasil, "a coisa mais importante do Caratinga", como diziam na cidade.

O jovem Alencar estava mais bem instalado, mas vez por outra reclamava da comida do hotel. Dona Maria, a mulher de seu José Bonfim, um dos sócios da loja, morria de pena do rapaz e o incluiu na turma que tomava um lanche feito por ela, na casa da família que ficava na parte de trás da casa comercial. Todo dia, às três da tarde, Zezé passou a se juntar aos colegas Dezinho, Ataide e Murilo para saborear as delícias de dona Maria.

Magdá, uma das filhas, era sete anos mais moça que Zezé, mas já percebia que aquele rapaz tinha talento para lidar não só com os clientes como com as contas.

"Ele tinha uma capacidade de organização do negócio que os outros não tinham. Meu pai e meu tio não compravam mercadoria sem a presença de Alencar. Os vendedores gostavam dele", contou Magdá.

Todos os clientes chatos, detalhistas e exigentes que chegavam na Casa Bonfim eram atendidos por Zezé, sempre com um sorriso no rosto. Observando o pai desde o Canteiro de Baixo, ele aprendeu os truques de como convencer o cliente a aceitar o que estava propondo.

"Ele sempre estava bem-vestido, com calças mais largas de brim, camisas de manga comprida e sapatos de amarrar. Muitas vezes, fazia um agrado a um noivo, por exemplo, dando de presente um vidrinho de Royal Brilhante, um perfume da época. Era um gesto simples, mas que cativava os clientes", lembrou-se Magdá.

Mais do que o chefe e os colegas, o próprio Alencar se deu conta do seu progresso e percebeu que podia ir mais longe. Só não imaginava que fosse tão longe...

O empresário

ALENCAR AINDA NÃO TINHA completado dezoito anos e já sonhava alto. A saída precoce de casa o colocou diante de desafios inéditos, e todos de uma vez só. Foi obrigado a se virar sem a ajuda do pai ou dos irmãos. Sempre muito sério, dedicado e observador, procurou aprender o máximo nesse início de caminho. Sozinho, sem comentar com ninguém, arquitetou um plano para abrir seu próprio negócio.

"Era o objetivo de muitos de nós. Cansei de ouvir histórias de empregados insatisfeitos dizendo 'um dia vou abrir minha loja'. Eu queria me estabelecer e me arrisquei. Eu tinha consciência de que poderia ser bem-sucedido, eu trabalhava muito bem, não havia razão para não ser", contou o vice-presidente.

Primeiro, ele precisava pedir emancipação ao pai. A maioridade para abrir uma empresa era de 21 anos. Contou o plano ao irmão mais velho, Geraldo, que morava em Ubá. Os dois foram a Miraí e convenceram seu Antonio a assinar uma escritura pública. Depois disso, Zezé precisava do principal: dinheiro. De novo, a ajuda veio do irmão.

— Geraldo, você tem uns trocados para me emprestar?

— Tenho quinze contos.

— É o bastante.

Quinze contos eram quinze mil cruzeiros, como quinze mil reais hoje. Com esse capital, Zezé abriu sua primeira pessoa jurídica como José Alencar Gomes da Silva. Faltava um nome fantasia.

A sugestão veio de um português chamado Lopes, representante da fábrica do Rio em Caratinga.

— Meu filho, qual vai ser o nome da casa comercial?

— Ainda não tem, seu Lopes.

— Então vai se chamar Queimadeira!

— Por que Queimadeira? Não gostei do nome...

— Porque se fosse um bar seria Cristal. Mas não é um bar. É uma casa comercial de tecidos que vai vender barato, vai "queimar" tecidos. Escreve aí: A Queimadeira, tecidos baratíssimos! — decretou o experiente vendedor.

E assim ficou. O rapaz alugou uma loja pequena, com duas portas, mas que já tinha uma prateleira. Para economizar, Zezé botou uma tampa de madeira atrás da prateleira e para lá se mudou, do belo quarto do Hotel Avenida para um canto atrás de uma prateleira. Graças ao bom relacionamento que tinha com os vendedores, conseguiu prazos mais longos para pagar as mercadorias. Estabeleceu uma retirada mensal para si mesmo de seiscentos cruzeiros, a metade do que recebia na Casa Bonfim. O almoço vinha da pensão Horácio, vizinha de parede. Zezé engolia a comida nos momentos em que não tinha freguês.

O começo foi difícil. Era preciso conquistar os consumidores. Apesar da pouca idade, Zezé já era um "macaco velho" na arte de seduzir. Se não entrava ninguém, ele atravessava a rua e ia buscar cliente: "Eu queria convidar o senhor para conhecer uma casa comercial que está começando, com mercadorias especiais a um preço muito bom. Eu queria pedir ao senhor, à sua esposa, aos seus filhos, para conhecer. Eu não tenho nem café para oferecer, mas tenho água", dizia o ousado rapaz.

A coisa era na conversa. Quando o cliente mordia a isca, o novo comerciante mostrava algum tecido que havia numa loja concorrente. Era o caso do brim Cáqui Caçador. Zezé anotava seu preço num pedaço de papel e sugeria que o cliente o comparasse com o da loja onde estava acostumado a comprar. Com exceção da Casa Bonfim, ele não sabia quanto os outros cobravam, mas tinha convicção de que nenhum deles tinha preços tão baixos quanto os seus.

"Eu dava meu preço com clareza. Por exemplo, brim Cáqui Caçador, dois metros e meio, tanto. Mostrava alguns panos que não eram conhecidos, eu cortava um pedacinho, prendia com um alfinete no papelzinho para ele levar no bolso e conferir lá na frente. E, muitas vezes, o camarada volta. Meu custo era imbatível. O preço não é barato porque o sujeito é bom ou ruim. É barato porque ele pode ser barato", ensinou Alencar.

A origem do baixo custo tinha muito a ver com os bons relacionamentos daquele menino, agora um comerciante. A confiança se conquistava pela palavra, pelo trato e pelo caráter. E Zezé aprendeu desde cedo a usar aquelas qualidades a seu favor. Assim conseguiu crédito e prazos dilatados para pagar. E encontrou atalhos preciosos. Alguns de seus fornecedores eram fabricantes que ele conhecia desde menino. Seu Afonso Pereira, que tinha duas fábricas em Miraí, os Irmãos Peixoto, a Sacoteque, a Manufatura de Algodão, os três de Cataguases, a Itabirito Industrial, a Cedro Cachoeira de Belo Horizonte, a São José da família Reinaldo Marques Canuto, a Industrial Itapari dos Mascarenhas.

"Eu comprava das fábricas, comprava mais do que os outros. Alguns clientes meus tinham pequenas casas comerciais no interiorzão, então minha loja virou também um ligeiro atacado. Eu comprava a 120 dias de prazo e vendia a 30, 45, 60 dias, dava três pagamentos", contou entusiasmado.

Apesar da pouca idade, ele já conhecia os tecidos de cor e salteado. Para homens, havia o brim Otávio, o brim Otavinho, o brim Paraná, o brim Atômico, todos eles escuros para calça de roça. Depois vinham o brim Cáqui, o Cáqui Dragão e o Cáqui Caçador, todos muito parecidos. Tinha também o gabardine Triunfador, pano pesado de puro algodão. Usava-se para tudo, até para terno. Os viajantes adoravam esse tecido porque era resistente. Os riscados eram panos baixos para camisa, os de fio tinto, os de riscos, os listrados e os xadrezes. Para vestidos, algodão. Dos estampados, o mais em conta era o chita. Junto com os riscados, os xadrezes e os voais eram os mais vendidos. Perguntado, certa vez, sobre qual tecido gostava mais, o rapaz respondeu na lata: "Gosto de todos que me dão lucro!".

O crescimento da Queimadeira Zezé percebeu no primeiro balanço. Ele era um especialista nisso. Fazia o inventário das mercadorias, listava tudo o que havia na loja, depois levantava as contas a pagar e as contas a receber. Então tinha, de um lado, o ativo, o estoque de mercadoria e contas a receber. De outro, as contas do passivo, as contas a pagar. "O primeiro ano foi um colosso!", vangloriou-se Alencar.

Trabalhou sozinho até arrumar um auxiliar, seu Manoel, bem mais velho que ele. Era um vendedor experiente que o ajudava no balcão. Com uma disciplina espartana ao gastar e austeridade ao comprar, Zezé começou a fazer um dinheirinho. E logo aplicou na expansão da loja. O importante para o sucesso era investir no fortalecimento da empresa. Alugou as duas portas ao lado e comprou o fundo de negócio do vizinho, ou seja, comprou o estoque.

Sempre com os pés no chão, concentrado no presente, naquilo que estava acontecendo, ele tinha como objetivo seguinte tirar os pais de Miraí. Seu Antonio e dona Dolores tinham montado uma pensão na cidade e a mãe trabalhava muito, dia e noite cozinhando e arrumando quartos para quem chegasse. Aquilo incomodava profundamente Zezé. Depois de dar à luz quinze filhos, ter que se submeter àquele serviço pesado era demais para ela, aos 57 anos. Seu Antonio já alcançara 75 anos. Pois o rapaz alugou uma casa grande num bairro muito bom e trouxe a família toda para Caratinga. Toninho, irmão quatro anos mais novo que Zezé, o ajudou no balcão. Ganhava salário. Tatão, mais velho, ganhou uma sociedade na lojinha. O pai ficou encarregado de algo que ele adorava: ir ao banco todo dia depositar a féria, o resultado das vendas. A mãe cuidava da casa.

Todo mês, o novo "chefe de família" ia ao Banco Hipotecário e Agrícola do Estado de Minas Gerais e depositava 225 cruzeiros para crédito do irmão Geraldo, em Ubá. O gerente do banco, seu Geraldo Santana, via aquilo com curiosidade e um dia perguntou a Zezé:

— Por que você deposita essa quantia, todo mês, em nome de Geraldo Gomes da Silva?

— Ele é meu irmão. Me emprestou quinze contos e me cobra 1,5% ao mês.

— Olha, ele não pode te cobrar isso. Existe a Lei da Usura, de Getúlio Vargas, que diz que é só 1%, no máximo. Eu vou te emprestar quinze contos, você paga seu irmão e me paga 1% ao mês — propôs o gerente.

— Não posso. Ele é meu irmão mais velho, pediu a meu pai para me emancipar e me emprestou dinheiro para abrir meu negocinho.

— Então fala para ele baixar esse juro para 1% — sugeriu o homem do banco.

Um belo dia, Geraldo apareceu em Caratinga. Depois do jantar, Zezé chamou o irmão e contou o que o gerente do banco havia dito. Experiente, o primogênito respirou fundo, deu um leve sorriso e disse:

— Mas eu nunca te cobrei juro!

— Como não? Todo mês deposito 225 cruzeiros na sua conta. Você não tem recebido?

— Tenho, sim. Direitinho.

— Então?

— Acontece que aquilo não é juro. É o aluguel do dinheiro! — A cabeça de Zezé rodou. E o irmão emendou: — A diferença é que, se você pegar os quinze contos dele, você vai ter que assinar uma promissória. Em 120 dias, você vai ter que pagar tudo. E você não tem dinheiro, só mercadoria. Comigo é diferente. Você paga só o aluguel do dinheiro e não o principal.

— Quer dizer que você me doou os quinze contos?

— Não, não. Quando você tiver capital, eu faço uma planilha para você abater o principal.

Zezé não estava certo se acabara de ter uma aula de economia ou de esperteza do irmão. De qualquer maneira, sentia-se aliviado e vitorioso. Havia saído de casa com a cara e a coragem, morado num corredor, atrás de prateleira, comido pouco, trabalhado muito e, enfim, tinha conseguido reunir e dar uma condição de vida melhor para a família.

Satisfeito? Nem um pouco. Zona de conforto para aquele rapaz era sinal de que algo precisava ser feito, ir adiante, crescer. Os olhos de Alencar já estavam longe...

Zé 55

Aos DEZOITO ANOS, COMO todo rapaz no Brasil, Zezé tinha que se apresentar ao Exército para o serviço militar. Era uma obrigação constitucional que ele respeitava, mas que, naquele momento, poderia atrapalhar mais do que ajudar. Estava justamente numa das mais importantes transições de sua vida, deixando de ser funcionário para virar comerciante. Só pensava naquilo.

"Não vai fazer isso, não", diziam meus colegas. "É só você pegar um atestado médico que acaba dispensado", contou ele.

Mas o rapaz sabia que aquilo não era correto, além de expor o médico a uma fraude. Apesar do risco de prejudicar os negócios, ele recusou as tentações de fugir do serviço militar. Ele, que havia enfrentado dificuldades desde cedo, entendia que devia passar por aquela experiência.

"Servir ao exército me fez mais disciplinado, mais obediente e mais respeitador dos superiores hierárquicos", concluiu Alencar.

Todo dia, bem cedo, ele saía a pé para o Tiro de Guerra. Encontrava os amigos Nem, Vantuil, Otair, Lélis, Bolivar, Silva e

Amir pelo caminho. Como não eram ainda seis da manhã, muitas vezes eles saíam correndo, sem tomar café. Até o dia em que Amir descobriu um jeito de matar aquela fome matinal. Tinham que pegar um atalho, de duas quadras.

— Já tomou café? — perguntou Amir a Zezé.

— Não. Saí agora, tomei, não.

— Então vamos passar no Foto Ideal.

Não que houvesse um café da manhã à disposição de quem chegasse ali. É que, todas as manhãs, o padeiro punha uma sacola com vários pães tipo bengala na porta da loja de revelação de filmes. Os meninos passavam lá e, sem nenhuma cerimônia, pegavam a sacola e saíam comendo pelo caminho. Traquinagem que forrava o estômago.

Todos já chegavam vestidos de farda verde e coturnos, as pesadas botas militares. Uma turma ia para o alojamento e a outra saía para treinamento de campo. Era quase uma hora de marcha pelas ruas da cidade. Davam a volta na igreja matriz e subiam o morro de Caratinga. Os exercícios de guerra eles faziam na fazenda dos Silva, uma família da terrinha que emprestava uma área ao Exército. Havia dois sargentos: Manoel Correa, o principal, e Setimi, o mais bravo e rigoroso: "Sentido! Pro chão!!!".

E a turma começava a rastejar carregando o fuzil. O sargento Setimi não dava moleza. Um dia ele percebeu que um dos soldados, o Solano Pires, andava de cócoras em vez de rastejar: "Soldado Solano, alto! Soldado, não é assim! Comigo, soldado é espichado!".

Enquanto dava a bronca, o sargento pisava em cima das costas do coitado e o esmagava na lama. A turma se apavorava com aquilo. O Tiro de Guerra era todo dia, de segunda a sexta. E, por vezes, Zezé não apareceu. Estava muito ocupado com a loja. Esperto e craque na arte de se relacionar, ele chegava mansinho para falar com o sargento Setimi, que o recebia com cara de pouquíssimos amigos.

"Sargento, me desculpe, tive uns problemas e não pude vir. Mas eu queria que soubesse que, se o senhor precisar de alguma contribuição para melhorias aqui, conte comigo."

O sargento o media com os olhos, mas acabava cedendo. Uma das atividades de que Zezé mais gostava era treinar tiro. Eles usavam o fuzil FM, arma com um pente de cinco tiros que deveria ser de precisão, mas, como aqueles eram muito antigos, o alvo não era muito incomodado, mesmo nas mãos de bons atiradores. Alencar era um deles porque treinava fora dali. Com os amigos, ia até uma área segura, sem ninguém por perto, e atirava numa mangueira com uma espingarda calibre 22, de bala fininha. O desafio era derrubar mangas. Como para Zezé aquilo ficou fácil demais, ele propôs cortar o talo da fruta. Quem acertasse ficava com a manga.

"A espingarda 22 era uma arma de curta distância, vinte metros. O fuzil, não. A bala alcançava duzentos metros", ensinou Alencar.

Para estimular a competição entre a turma, o sargento Manoel criou uma promoção, de soldado para cabo, para os que se destacassem. Três ganharam a divisa. Alencar foi um deles. O novo cabo voltou todo orgulhoso para dormir atrás da prateleira de sua loja. Ficou tão inebriado com o título que esqueceu de costurar a divisa no uniforme. No dia seguinte, para variar, saiu correndo e, quando chegou ao Tiro de Guerra, a tropa já estava formada. Bateu continência e se perfilou no pelotão. O sargento Setimi olhou para ele e perguntou: "Onde está a sua divisa?".

O cabo pôs a mão no bolso e não achou nada. Antes que pudesse dar alguma desculpa, o sargento disparou: "Some daqui!!!".

O orgulho virou frustração num instante. Mas Zezé não era de ficar se remoendo, se criticando. Foi até a padaria do seu Domingos e pediu para uma das filhas dele costurar a bendita divisa no uniforme. Na outra manhã foi mais cedo para o batalhão, se aproximou do sargento carrancudo e disse com voz firme:

— Sargento Setimi! Posso me aproximar?

— Aproxime-se!

— Desculpe-me por ontem — disse, mostrando a divisa devidamente costurada no uniforme.

— Tá bom! Pronto! É só isso, 55? Pode ir!

Zé 55 era o apelido de Alencar. Durante muitos anos se especulou que a origem da forma como Zezé era chamado entre os amigos era por causa do seu número no Tiro de Guerra. Mas Alencar era o número 47 na turma do serviço militar. A ligação entre o apelido e a temporada no Exército teve muito mais a ver com o comportamento do dono da Queimadeira. Quando ia a um bar com a turma, ele consumia a mesma bebida e os mesmos petiscos. E a conta dava sempre 55 cruzeiros. Aí virou Zé 55. A disciplina aprendida com os sargentos havia entrado nas veias de Alencar e se manifestava até mesmo quando estava relaxado, sem nenhuma divisa por perto. O que aqui produziu apenas uma intimidade mais adiante viria a gerar prosperidade.

Os pais de Alencar, Antonio e Dolores, com os filhos Cotinha, Álvaro e Geraldo em 1922.

José Alencar e Mariza se casam, em 1957, na Catedral de Caratinga.

Certidão de nascimento.

Alencar em 1958, aos 27 anos.

REPÚBLICA DOS ESTADOS UNIDOS DO BRASIL
MINISTÉRIO DA EDUCAÇÃO E SAÚDE

N. 13
Modelo 4.244 — 1

Ginásio S. Paulo
MURIAÉ — MINAS GERAIS

CERTIFICADO DE APROVAÇÃO EM EXAME DE ADMISSÃO
A 1ª SÉRIE GINASIAL

Certificamos que **José Alencar Gomes da Silva**, filho de **Antônio Gomes da Silva** e de **Dolores Perez da Silva**, natural de **Itamuri, Bº de Muriaé**, nascido em **17** de **Outubro** de 19**31**, foi considerado aprovado, em exame de admissão, à 1ª Série Ginasial, nos termos da LEI ORGÂNICA DE ENSINO SECUNDÁRIO (decreto-lei n. 4.244 de 9 de abril de 1942), tendo obtido os seguintes resultados, no mês de **Dezembro** de 19**44**:

Português: pr. escr. **9** pr. oral **8** Média **8,5**
Matemática: pr. escr. **8** pr. oral **10** Média **9**
Geografia: **8,5** Hist. do Brasil **9**
Média geral **(8,7)**

Muriaé, **19** de **Janeiro** de 19**45**

Pe. Ivo S. da Cunha
(Inspetor) Diretor

ZOY GEORGINA NAY
Inspetor Federal

Ginásio S. Paulo
(Nome do estabelecimento)

Modelo 4.244 — PP

Muriaé — Minas Gerais

Nome do aluno **José Alencar Gomes da Silva**

CARACTERÍSTICOS

Data do nascimento **17/10/931**
Local **Itamuri**
Estado **Minas**
Nome do pai **Antônio Gomes da Silva**
Nome da mãe **Dolores Perez da Silva**

EXAME DE ADMISSÃO
Realizado no **Ginásio S. Paulo**
(Nome do estabelecimento)
em **Dezembro de 1944**
(Data)

RESULTADO
Port. (esc.) **9** (oral) **8** (Final) **8,5**
Arit. (esc.) **8** (oral) **10** (Final) **9**
Hist. do Brasil **9** Geogr. **8,5**
MÉDIA FINAL 8,7
Insp. Zoy Georgina Nayes
Diretor Pe. Ivo S. da Cunha

1ª SÉRIE — Ano letivo de 19**45**

DISCIPLINAS	ARGUIÇÕES							Média arguições	P. PAR.			Prova oral	Nota da...	Média final
	Abril	Maio	Junho	Julho	Agosto	Setembro	Outubro	Novembro		1ª	2ª			
Português	7,5	9	8,5	8,2	8,7	8,3	8,5	8,5	8,4	8,5	8,8	8	8,5	8,1
Latim	6	10	9	8	9	6,6	8	8	8	7	7,3	8,3	7,5	
Francês	8,2	7,7	9,6	7,6	9,8	9,3	7,1	10	8,9	6,8	9	9,5	9	
Matemática	8	9,8	10	10	8,7	7,5	10	10	7,2		9	6,5	8,5	
Hist. Geral	8	9	10	6,7	8,7	10	7,5	7	8	6	6	9	7,1	
Geografia Geral	8	9	7,5	8	9,5	9	7,3	8	8,5		8,5	8	7,9	
Trab. Manuais														
Desenho	9,5	9,5	8	6,7	0,6	8	9	10	8,4			8	8,2	

Certidão de Admissão e boletim de bom aluno no Ginásio São Paulo, em Muriaé.

Estação de Muriaé e, em frente, pensão de Dona Cantamissa, onde Alencar morou no corredor.

A Queimadeira, a primeira loja de Alencar, em Caratinga.

Barro Branco, time fundado por Alencar em Caratinga. Alencar é o quarto, em pé, da direita para a esquerda. O irmão Toninho é o terceiro, também em pé, da esquerda para a direita.

União dos Cometas, empresa fundada em Ubá pelo irmão mais velho, Geraldo, a qual Alencar depois assumiu.

Terreno onde o pai de Alencar plantou e perdeu toda a safra de arroz, mudando da agricultura para a venda de tecidos. Foto de 2009.

Lugar onde ficava a casa do Canteiro de Baixo. (A casa não é a mesma onde Alencar viveu; a original foi derrubada, mas ele sempre fez questão de voltar ao local, nas raras vezes em que visitou a região. Dizia que era para recarregar as energias.) Foto de 2009.

Cine Itaúna, que Alencar frequentava em Caratinga. Foto de 2009.

Prédio onde ficava a Casa Bonfim, primeiro emprego de Alencar em Caratinga, loja em que virou o "rei do balcão". Foto de 2009.

Casa que Alencar alugou para abrigar os pais, em Caratinga, depois que os trouxe de Muriaé. Foto de 2009.

Cine Brasil, que frequentava com dona Mariza em Caratinga. Foto de 2009.

Dependências da colossal Coteminas.

Lula e Alencar durante o primeiro mandato.

Na posse para o segundo mandato.

Os times se reúnem para foto numa partida de futebol no Palácio do Jaburu. Em pé, da esquerda para a direita: Olívio Dutra, General Francisco Albuquerque, Tarso Genro, Jorge Ferreira (proprietário do restaurante Feitiço Mineiro), Gilberto Carvalho, Brigadeiro Bueno, Presidente Lula, José Alencar, Ciro Gomes; agachados: Paulo Cesar de Oliveira (embaixador do Brasil na Espanha), Adriano Silva e João (motorista da Vice--Presidência na época).

Entrevista a Jô Soares, em agosto de 2010.

Festa dos 79 anos de Alencar, seu último aniversário, realizada no Palácio do Jaburu em 17 de outubro de 2010. A banda do batalhão da Guarda Presidencial foi uma surpresa do presidente Lula, que não compareceu porque estava no exterior, mas telefonou para parabenizar o aniversariante.

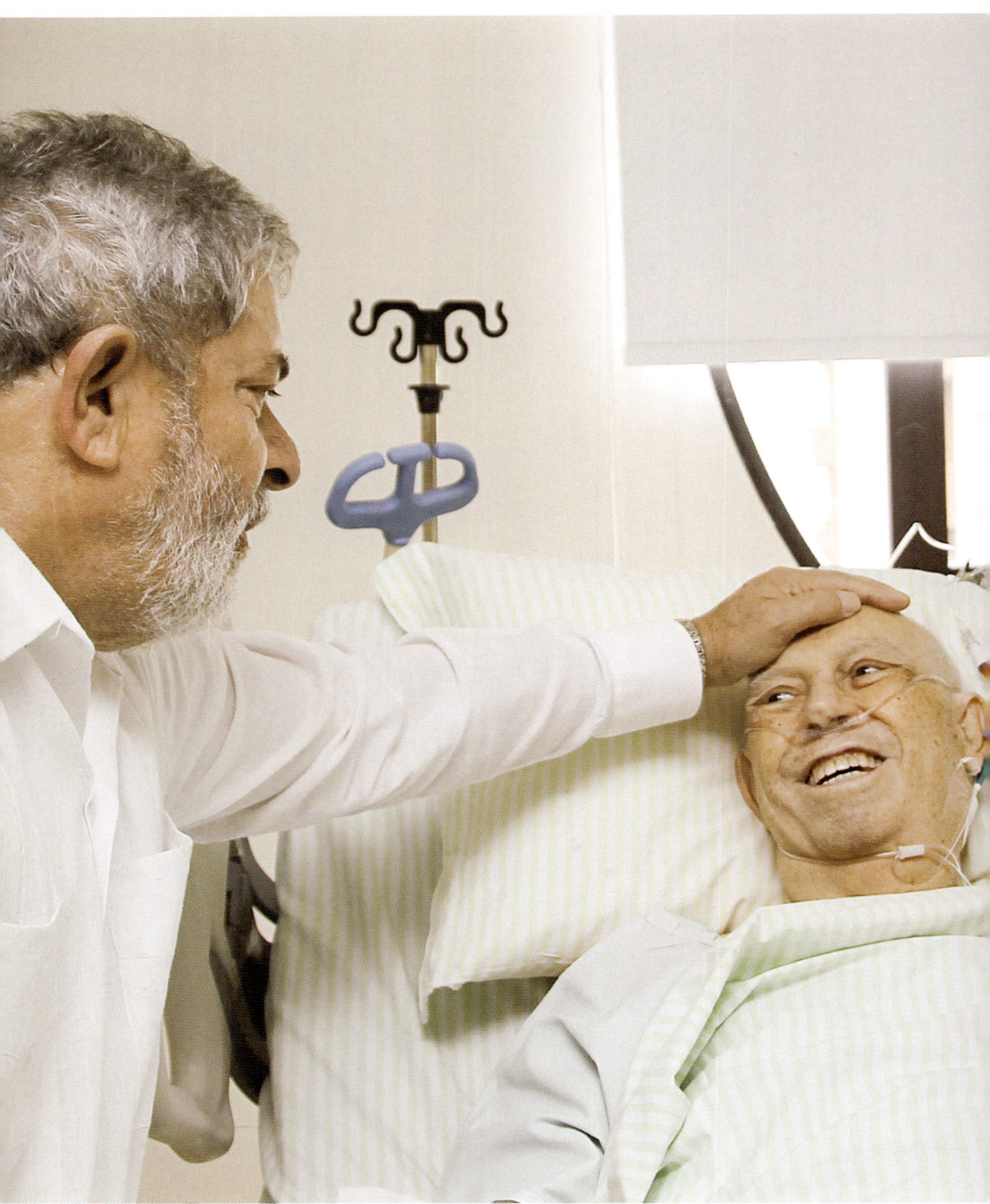

Ricardo Stuckert

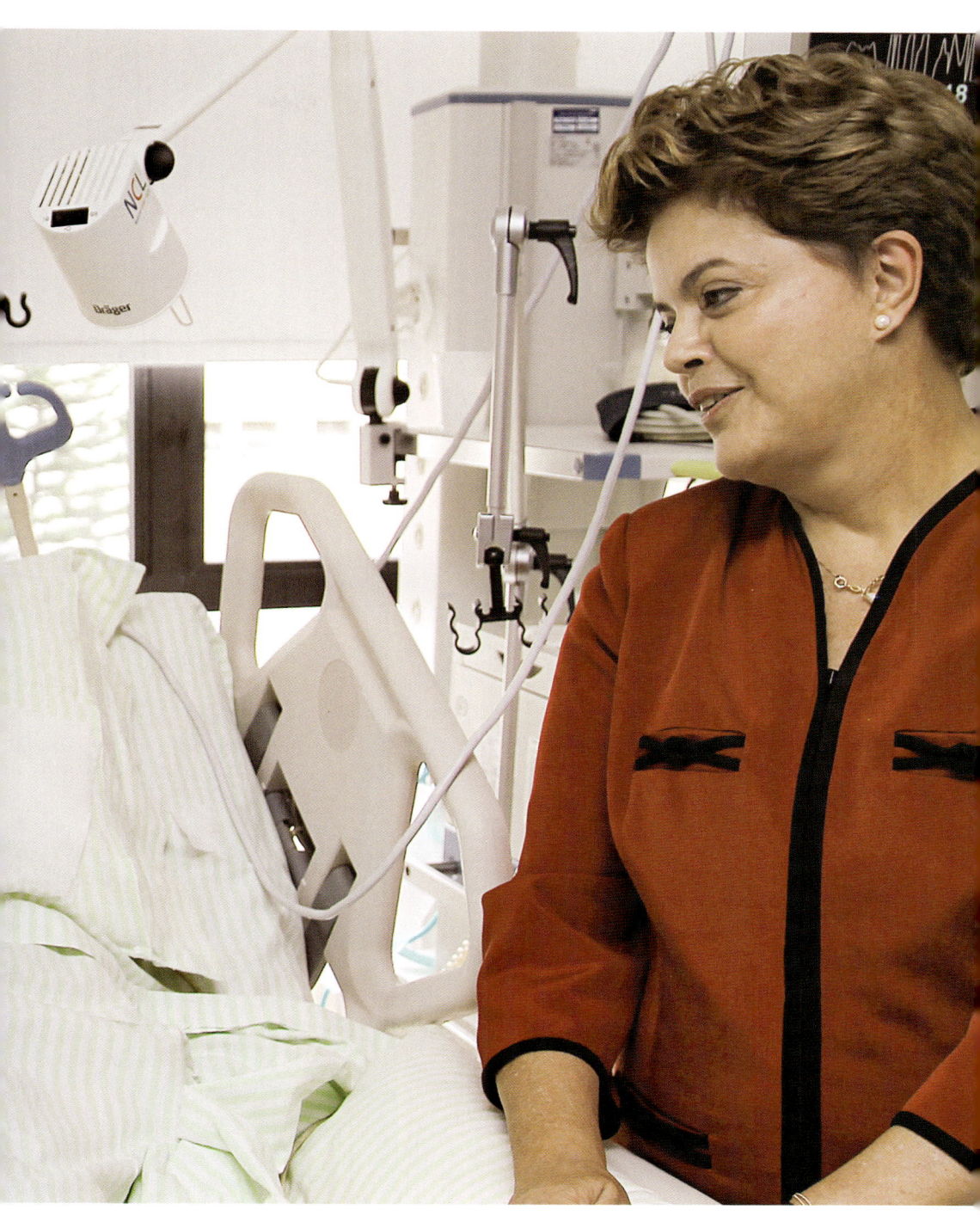

Lula e Dilma visitam Alencar no hospital Sírio-Libanês.

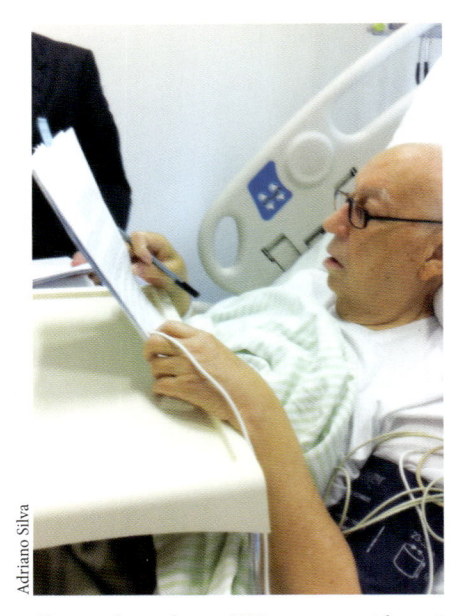

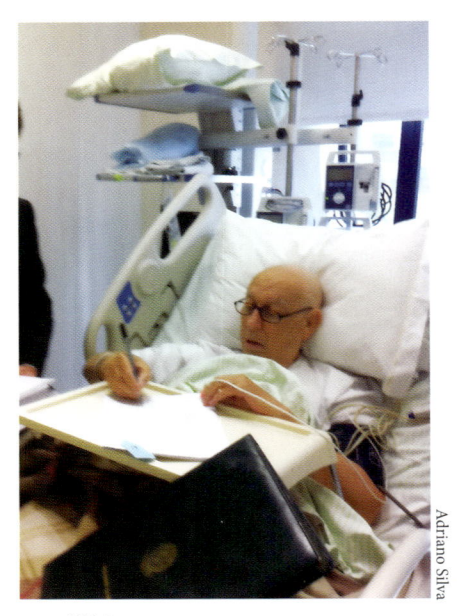

Alencar despacha na UTI, como presidente interino, em 2010.

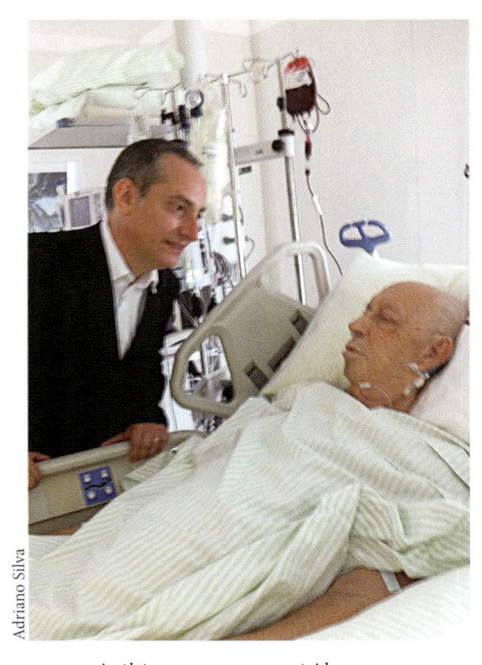

A última vez em que vi Alencar.

Último almoço com Lula no apartamento em São Paulo. Último "golo" de uísque da vida de Alencar — não foi um Buchanan's... Foi um Logan 12 anos, o que tinha em casa.

Alencar e Dilma na última homenagem,
em 25 de janeiro de 2011.

Lula carinhosamente se despede de seu vice.

Igreja de Itamuri, cidade onde Alencar nasceu. Nela, foi batizado e hoje estão suas cinzas. Abaixo, inscrição com o nome do pai de Alencar, que ajudou a construir a igreja; anos mais tarde, Alencar a reformaria.

O frio

O GÁS DO VICE-PRESIDENTE já estava acabando. Com pouco mais de duas horas de entrevista, as lembranças deixaram seu passado e se voltaram para sua saúde. Percebi que aquele era um sinal de cansaço. Ele saía do túnel do tempo e começava a falar da doença.

"Não fico me remoendo, pensando na morte ou me assombrando com fantasias de medo. Não me ocupo com isso. Me ocupo com os meus deveres, eu procuro cumprir tudo, simplesmente. Não tem nada de segredo nem de fantasia na minha vida."

Alencar aprendeu, na prática, que todo mundo sofre, mais cedo ou mais tarde. O que é importante é ter os pés no chão e viver o momento presente.

"Enfrento os momentos difíceis com absoluta tranquilidade, sem desespero. Desespero não ajuda. Tem é que raciocinar, trabalhar objetivamente. E não pode também fazer alarde tipo 'isso ruim tá acontecendo, tá acontecendo!' Para quê? Para alguém sair daqui e dizer que viu o Alencar e que ele tá liquidado???"

Faltavam vinte minutos para as dez da noite. Logo começaria o *Jornal das Dez*, da Globo News, um de seus preferidos.

"A gente pode ficar até as dez pras dez para que eu não perca o jornal."

Meu telefone tocou, era minha mulher, mais uma apaixonada pelo exemplo do vice-presidente. Alencar me interrompeu e pegou meu celular.

"Dra. Rubia, recebi sua carta. A carta é lindíssima! Quero responder de próprio punho, mas, primeiro, tenho que me livrar do Burnier! Um de meus deveres mais gratos será responder à sua carta. Muito obrigado." A carta:

A vida é um presente a ser desvendado após a morte.

Quem vive intensamente e é movido pelo amor ganha dois presentes, um antes, outro depois.

Existem pessoas tão especiais que, além de ganhar, distribuem presentes pelo caminho e se tornam inesquecíveis como o senhor.

José Alencar, guerreiro imbatível, corpo falível, alma de vencedor.
Não tenha medo, fique em paz.

Rubia Burnier

Palavras de Alencar não eram palavras ao vento. Em meio a tantos problemas, tanta agonia e tanto trabalho, o homem cumpriu a promessa. Em papel timbrado, escreveu à pena:

Querida Rubia,
Pelo que pude ouvir, do Burnier, sobre você, leio sua amável carta e penso que já a conheço pessoalmente.
Muito obrigado pela generosidade com que aborda meu caso. Vocês, sim, têm sido um verdadeiro presente para a minha vida.
Muito obrigado.

Um beijo do
José Alencar

Foram muitos os que fizeram o mesmo ao longo dos últimos cinco anos de Alencar. Gente conhecida e anônimos de todos os cantos do país se espelhavam, se reconheciam ou gostariam de se reconhecer naquele homem.

"Tenho recebido uma grande solidariedade nacional. Mas a gente tem que ter cuidado. Eu tenho pedido muito a Deus para ser humilde. Se eu conseguir me manter simples e humilde será uma grande coisa para mim. Mas se eu não me mantiver humilde vai ser um desastre."

Às mensagens, o vice-presidente respondeu o que pôde com a ajuda de dona Mariza. Ela, aliás, não ligou naquela noite. Ela sabia que a Globo News ia acabar com a nossa conversa.

Na manhã seguinte, ele já estava cedo no gabinete. Parecia menos animado. Era o segundo dia após a quimioterapia. Começava aí o período mais bravo dos efeitos colaterais.

— O senhor está bem? — perguntou Patricia.

— Estou. Por quê? Estou com a cara ruim?

— Não. Está mais quietinho.

— Foi o frio. Eu não posso facilitar. Você notou que eu estava tossindo ontem, o dia todo? Mas eu dormi agasalhado e melhorei. Acho que foi aquela fresta de vento na sala onde conversamos ontem à noite. Aquilo não me ajudou, não. Eu devia ter posto uma roupa mais pesada. Estou com frio.

O frio passou tão logo ele começou a narrar o "pulo do gato" que deu na vida empresarial.

O talento

Todo domingo em Caratinga era dia de futebol. Cada bairro tinha seu time. Zezé adorava jogar, mas era difícil entrar nas equipes já formadas. Ele, então, reuniu os amigos do bairro onde morava e montou o Barro Branco Futebol Clube. Cada um dos "fundadores" colaborou para comprar os uniformes: 25 camisas, 25 calções e 25 pares de meia. E Alencar comprou as bolas. Daí ficou conhecido como "o dono da bola". Os treinos eram feitos num terreno que tinha sido todo terraplanado para a construção de um hospital. Duas vezes por semana, bem cedo, a turma se juntava e jogava por uma hora. Dali, Zezé corria para abrir a loja.

Os campeonatos na cidade eram muito acirrados. Aos poucos, o time do Barro Branco se tornou um timaço. Tinha o Carlito Babão, que era o melhor goleiro da região, e tinha um artilheiro, o Jair da Cumbuca. Zezé era médio volante, *center half*, como se falava na época. "Alencar jogava duro, batia que era uma beleza", contou seu Izonnetti Moreira de Queiroga, um dos juízes que apitavam no campeonato.

O rapaz era tão duro nas faltas que, certa vez, o técnico do Barro Branco, Jader Guito, o proibiu de treinar por uns dias. Estava arrumando muita confusão com os colegas. Mas logo ele voltou.

Um dos jogos inesquecíveis teve um final até hoje não esclarecido. O juiz, seu Izonnetti, acertou o relógio com o Zizi Guimarães, o mesário. Fez sinal para os bandeirinhas Vantuil, que viria a ser cunhado de Alencar, e Zé Lino, e deu início ao jogo. Aos 45 minutos do segundo tempo, o Barro Branco vencia por dois a um o belo time do Bairro das Graças, com dois gols de fora da área do Jair da Cumbuca. O juiz apitou o fim do jogo. Os times já estavam saindo do campo quando Toninho, irmão de Alencar, querendo mais jogo, disse: "Seu juiz! Ainda tem mais três minutos no meu relógio!".

A turma do time das Graças aproveitou a deixa e pressionou seu Izonnetti. Todos foram chamados de volta, e o jogo continuou. Pressão total do adversário. O lateral esquerdo cruzou para a área, Toninho se assustou, pulou e pegou a bola com as duas mãos! Pênalti indiscutível. O time das Graças empatou e ainda meteu uma bola na trave no finalzinho. Quando o jogo finalmente terminou, a turma do Barro Branco foi para cima do Toninho: "O que você fez, Toninho? O jogo tava ganho, você pediu para jogar mais e ainda botou a mão na bola???".

O menino saiu cabisbaixo, sem nenhuma explicação. Queria apenas continuar jogando. Nada mais.

Só mesmo os bons resultados no trabalho para fazer Zezé esquecer aquilo. Ele estava animado com o movimento da loja. Além do varejo, atendia também, de modo quase informal, o pequeno atacado. Todo tecido que sobrava na loja, que ele não ia precisar, passava adiante para outros comerciantes. Tudo o que havia na Queimadeira tinha valor e era transformado em ganho. Até de forma surpreendente. Um dia, já no final do expediente, ele estava tomando um café na padaria do seu Domingos Schettino quando chegou um homem da roça. Pediu um café e tirou a botina. Os pés estavam doloridos demais. Zezé viu aquilo, chegou mais perto e perguntou:

— Por que você tá descalço?

— Comprei essa botina, mas ela tá me machucando muito. Dói demais.

— Pois, olha, eu tenho aquela lojinha ali na frente e acabei de receber uns calçados dos Estados Unidos que vieram do Rio de Janeiro. Vamos lá e eu te mostro. O senhor vai ver que calçado macio, que beleza para o senhor andar! — disse Zezé.

O camarada atravessou a rua e entrou na Queimadeira.

— Quanto o senhor calça?

— Quarenta.

Alencar pegou um par no estoque, emprestou um par de meias e calçou o homem. O matuto levantou-se, andou para lá e para cá. Abriu um largo sorriso e disse:

— Moço, o senhor caiu do céu! O senhor foi uma bênção de Deus! Eu nunca usei um calçado tão bom assim!

Pagou e saiu todo feliz pela rua escura. Zezé suspirou e quase caiu na gargalhada. Tinha acabado de vender um par de galochas para o pobre coitado... Para quem não sabe, galochas eram coberturas de borracha colocadas sobre os sapatos para andar na chuva.

O rapaz se orgulhava do seu talento, mas fazia questão de não perder o foco. Não demorou muito e ele percebeu que aquele negócio tinha limites. Era muito trabalho para pouco volume e, não havendo grande quantidade, não havia grande lucratividade. Então colocou em prática o que aprendera com o pai: não tomar nenhuma decisão sem antes estar bem informado. Nos poucos momentos de folga, saía para conversar fiado com amigos que trabalhavam em armazéns. Puxava um assunto que esticava a prosa, como futebol. Enquanto a turma falava, Zezé observava o trabalho deles, o estoque, os preços. Voltava para casa e anotava tudo, até os nomes dos fornecedores. Sabia o que vendia e o que não vendia. Ficou encantado com o movimento, com as quantidades que entravam e saíam. E decidiu mudar de ramo. Vendeu a Queimadeira para seu Manoel Honorato, abriu as faturas e passou o fundo do negócio a preço de custo. E, como um dia fizeram para ele, fez para o comprador. Deu prazo, dividiu o pagamento em três promissórias. A última, receberia um ano depois.

Mas ele não queria ficar parado. Enquanto esperava para receber todo o dinheiro e formar capital para o novo negócio, ele virou representante da mesma fábrica em que o irmão Geraldo trabalhava, a Custódio Fernandes do Rio de Janeiro. Instalou-se no interior, em Itaperuna. Durante oito meses, viajou sem parar pelo interior do estado, sempre anotando informações importantes com os colegas que trabalhavam com armazéns.

Quando recebeu os 360 mil cruzeiros da venda da Queimadeira, alugou um galpão com duas portas grandes, botou os irmãos Toninho e Tatão como sócios e abriu o Armazém do José Alencar.

O novo cerealista já sabia o caminho das pedras. Era um especialista em relacionamento e sempre dizia aos amigos: "Tem quatro pessoas com quem a gente nunca deve brigar — padre, gerente de banco, delegado de polícia e prostituta. Só traz problema! Freguês você até pode perder, mas fornecedor, nunca".

Foi graças a seus preciosos contatos que ele conseguia comprar como nenhum outro atacadista. Nas suas andanças pelo Rio conheceu a Nardelli e Cia., representante de produtores e exportadores de arroz do Rio Grande do Sul. Alencar levava o filho do sócio da empresa toda hora para almoçar perto da rua Acre. E, assim, com jeito e muita lábia, conseguiu um bom negócio. Ele comprava o arroz, que saía do Sul, com prazo para pagar a contar da data em que ele recebia o carregamento no cais do porto do Rio de Janeiro. Para sair dali era emitida uma nota fiscal e, quando o arroz era carregado no caminhão, havia uma outra nota. O prazo para o pagamento, em geral de sessenta dias, começava a contar a partir dali. Muitas vezes, quando a carga chegava em Caratinga, ela já estava vendida. A nota que vinha do Rio era colhida pela contabilidade, e o armazém emitia outra de saída. O caminhão nem era descarregado, passava direto para outro freguês. Havia apenas a troca de notas. Aquilo baixava muito os custos, já que não era necessário pagar diaristas para descarregar e empilhar as sacas de arroz. Por isso, Zezé tinha um preço e uma rotatividade imbatíveis. "Sempre que dava, eu provocava essa coincidência para baratear o meu preço", ensinou o mestre.

A contabilidade era uma das atividades mais importantes para aquele rapaz. Sabia muito bem lidar com aquilo. Mas como o entra e sai de gente e mercadoria no armazém era intenso, Zé Alencar preferiu terceirizar o serviço. Contratou seu Antonio Tourino, que ele chamava de Tourinho. Não era um simples contador. Sabia tudo de direito societário, empresarial e dava orientação para os contratos. Na verdade, Zezé seguia mais um ensinamento do pai. "Cerque-se de gente melhor que você, meu filho. Sempre!", dizia ele.

Foi assim que fez sociedade com a família Campos, contato que mais tarde mudaria sua vida pessoal. Um dos irmãos era seu sócio no armazém, e Zezé virou parceiro do outro irmão numa loja de móveis e eletrodomésticos. Também investiu numa fábrica de macarrão junto com o irmão Toninho e o cunhado Vantuil. Ou seja, com bons relacionamentos, os negócios foram em frente.

O que ficou para trás foi o estudo. Não havia tempo. Zezé trabalhava até tarde da noite, todo santo dia. O desafio era fazer dinheiro virar mais dinheiro.

"Pensa no seguinte: se você está numa competição é para vencer. E o que significa vitória dentro de uma empresa? É o fortalecimento dela. Nunca vivi da empresa. Sempre vivi para a empresa. Ela me remunerou, claro. Mas era aquele pró-labore. O lucro que ela produziu foi aplicado no crescimento dela mesma", explicou Alencar.

Foi assim a vida toda. De forma intuitiva, empírica, fundamentada na observação minuciosa e na prática corajosa, aquele menino virou um empresário de sucesso. A passos seguros, entendeu que a empresa era apenas uma pequena fração da economia do país e precisava ser próspera, forte e independente.

Ganhos e perdas

A VIDA SOCIAL EM Caratinga se resumia ao *footing* na praça principal, aos bailes do clube da prefeitura e aos filmes nos cinemas. Havia dois: o Cine Brasil e o Cine Itaúna. As adolescentes, em geral, eram muito presas. Os pais não as deixavam sair de casa. Era o caso de Magdá, a filha única de Zé Bonfim. Ela e as amigas aproveitavam a saída da escola e namoravam os meninos na praça, atrás da cerca viva. Quanto mais os pais proibiam, mais elas transgrediam. Havia dias em que os meninos faziam uma "vaquinha" e pagavam para o maquinista passar um filme à tarde, só para irem ao cinema. Evidentemente que ninguém assistia a filme nenhum. Eram duas horas de beijos e mais beijos.

Zezé era mais sério, gostava mesmo era de dançar. Adorava samba e era um pé de valsa. Depois do baile, tomava um Campari ou um uísque com os amigos nos bares. Como o pai o havia orientado, ele procurava andar bem acompanhado. Os irmãos Luis e José Campos foram alguns de seus grandes amigos. Eram de uma família de comerciantes conhecida na cidade. Foi com os dois que Alencar viu pela primeira vez Mariza, irmã deles. Era uma moça linda, de olhos azuis, que chamava a atenção. Aparecia pouco em Caratinga. Havia morado com a irmã em Cataguases e depois no Rio de Janeiro, onde cursou a Escola de Enfermagem Anna Nery. De vez em quando, voltava a Caratinga para visitar os pais.

Era junho de 1955 e a festa junina se aproximava. Na semana do dia 24, dia de São João, os jovens foram ao Clube de Caratinga para ensaiar a quadrilha. Não era muito a praia de Zezé, mas ele foi levado por uma moça, Suely, que dizia ser sua namorada. Não era costume pedir alguém em namoro.

"A coisa fluía, era natural. Não tinha que formalizar. Então acontecia de o sujeito achar que estava namorando e ela, não. Ou o contrário", contou Alencar.

Numa noite, Zezé chegou ao clube com Suely, e Mariza apareceu com os dois irmãos. No ensaio, a cada volta de dança, Alencar espichava o olho na direção daquela moça linda. Por vezes, os olhos deles se cruzaram. Ele, que gostava de arquitetar planos, percebeu a oportunidade. Na troca de pares, Mariza parou suavemente à sua frente.

Em vez de dançar, ele a convidou para sair um pouco dali. Foram para a varanda do clube e começaram o namorar. Ela passou a vir com mais frequência, e os dois passeavam de mãos dadas pela praça Getúlio Vargas, onde ficava a casa da família dela. Várias vezes, o casal namorava dentro de casa. A desculpa era ouvir Mariza tocar piano. Adoravam ir ao Cine Brasil ver filmes com James Stewart, Gary Cooper e Cornel Wilde.

Apesar de serem amigos de Zezé, os irmãos de Mariza eram muito desconfiados. Aquilo aborrecia o rapaz e, vez por outra, estremeceu o relacionamento do casal de namorados. Mas Alencar já tinha decidido: queria se casar com aqueles olhos azuis.

"Primeiro, porque ela era lindíssima. Segundo, porque era muito firme nas coisas dela. Mariza toda vida teve personalidade forte. E, terceiro, porque ela era de uma família muito digna, muito boa."

O noivado foi selado num almoço entre Zezé, o pai dele e o pai dela. A alegria só não foi maior porque dona Dolores, mãe de Alencar, estava doente. Levada para Belo Horizonte, passou por vários exames e o diagnóstico foi terrível: câncer no estômago com metástase em vários órgãos. Saiu do hospital desenganada pelos médicos e voltou a Caratinga para morrer em casa. Mesmo com os melhores recursos, Alencar viu a vida da mãe escapar pelos dedos: "Fomos a grandes médicos, foi feito tudo o que era possível, mas não teve jeito, não teve como. O tumor já estava espalhado".

Um mês antes, Zezé apresentou Mariza a ela. Dona Dolores a recebeu com carinho, estava feliz pelo filho. O casamento era uma das maiores realizações na vida de um homem, mas Zezé não sentia vontade de comemorar. Estava contido, triste.

Em 2 de agosto de 1957, os olhos da matriarca se fecharam pela última vez. A mulher forte, exigente e dedicada que deu à luz quinze filhos e criou os onze que sobreviveram, se foi aos 63 anos.

Alencar providenciou tudo. O velório foi na sala da casa. Do cortejo até o enterro, o próspero comerciante voltou a ser um menino. Ficou o tempo todo agarrado ao caixão da mãe, como se estivesse de mãos dadas com ela.

"Foi difícil sair daquele cemitério, muito sofrimento. Mamãe era uma mulher extraordinária", emocionou-se.

Três meses depois, Alencar e Mariza entraram na igreja matriz, na praça Cesário Alvim, para oficializar uma união que cumpriu os preceitos do arcebispo de Caratinga, dom João Cavatti. Só a morte os separou, 53 anos mais tarde. Não houve festa, apenas um almoço no salão principal do Hotel Suíço para poucos convidados.

Zezé alugou uma casa novinha com varanda, sala de estar, escritório, sala de jantar, três quartos, dois banheiros e dependências de empregada. Muito mais do que precisava naquele instante. Mas como casar era sinônimo de constituir família, ele se apressou em arrumar espaço para o futuro. Seu Antonio e a nora se deram muito bem. Com a perda da mulher, o patriarca ficou perambulando pelas casas dos filhos, mas gostava mesmo era de ficar na casa de Zezé com Mariza. Jogavam buraco, a dinheiro, noite adentro.

E o que é o destino? Uma insuficiência cardíaca fulminou o pai de Alencar no ano seguinte, no dia em que Dolores completaria 64 anos se estivesse viva, no dia em que eles completariam 46 anos de casados. O súbito desaparecimento daquele senhor elegante, de fala mansa, doutor na arte de comerciar e mestre de Zezé bateu fundo na alma do homem que, de novo, virou menino. Foram muitas as lembranças, do tempo do pé no chão no Canteiro de Baixo, de ficar vendo o pai trocar um cavalo por uma mula, vendendo uma sela, um estribo, uma saca de arroz, lendo os jornais que chegavam com quatro dias de atraso, falando mal de Hitler, da guerra, construindo a escola na tulha, convencendo dona Mocinha a aceitar o filho no colégio de Muriaé, emancipando-o e dizendo-lhe para andar sempre com gente melhor do que ele.

O pragmatismo e o realismo daquele homem-menino foram os melhores remédios. Levantou a cabeça e viu que seu próprio caminho já estava desenhado. Aprendera com os pais a se virar e, por eles, pela família e por si mesmo, prometeu ir adiante.

Numa de suas viagens ao Rio para comprar cereais encontrou, por acaso, Geraldo na Estação do Brasil. O irmão mais velho pareceu disposto, mas não estava nada bem.

— Zezé, eu estou doente.

— Mas o que você tem?

— Eu tô com um problema. Não tenho força, tem dia que o lápis pesa na minha mão.

— Vamos procurar um médico, então.

Os dois foram conversar com o dono da Custódio Fernandes, onde Geraldo havia trabalhado por catorze anos. Pediram ao seu Horácio Pinto Coelho, um português renomado, uma indicação na Beneficência Portuguesa do Rio. O médico solicitou exames de sangue e de raios X. Enquanto esperavam os resultados, Zezé procurou animar o irmão como pôde: "Vamos ao Parreira tomar o vinho verdasco dos Costa, feito em Portugal, e comer o que tiver de melhor!", propôs.

Geraldo se animou, mas não mexeu na comida. Voltaram ao hospital para ouvir o diagnóstico: "O senhor não tem nada. Essa dor que aparece de vez em quando é do nervo ciático. Isso é reumatismo", disse o doutor.

Foi um misto de alívio com desconfiança. Os dois combinaram de se encontrar dali a quatro meses para irem a Juiz de Fora, no casamento de uma sobrinha. Em dezembro de 1958, Zezé chegou a Ubá. Doninha, a mulher de Geraldo, lhe disse: "Ele não aguenta ir a Juiz de Fora. Ele não está nada bem".

Alencar foi sozinho ao casório, voltou e levou o irmão num médico de Ubá, dr. Gastão Toledo. Ele examinou Geraldo e pediu para que urinasse num algodão. O médico viu a cor e não falou nada. Mas Zezé percebeu que ele tinha algo a dizer. De propósito, ele deixou seu guarda-chuva no consultório e levou o irmão para casa. Deu a desculpa de ter esquecido o acessório e voltou para conversar seriamente com o dr. Gastão. O médico abriu um livro e deu o veredicto: "Deus queira que eu esteja enganado, mas, dentro do que eu conheço, ele está com câncer no pâncreas. Em geral, o camarada está liquidado".

Zezé pediu um aviãozinho emprestado a um amigo para se certificar do diagnóstico em Belo Horizonte. Mas o voo só chegou a Juiz de Fora, por causa do mal tempo. Alencar alugou um Chevrolet grande para completar a viagem. Na capital mineira, os exames comprovaram o que o dr. Gastão havia dito. Sugeriram uma cirurgia, com a ressalva de que dificilmente daria resultado. E assim foi. Abriram e fecharam. Não havia o que fazer, já que o tumor estava espalhado. A agonia de Geraldo terminou no dia de Natal, em 1958. Mal sabia Zezé que, anos mais tarde, o algoz do irmão preferido bateria à sua porta...

A partir daquele instante, o rapaz, que nessas horas voltava a ser menino, se deu conta de que, se havia ainda algum cordão umbilical com a mãe, com o pai e com o irmão mais velho, ele havia se rompido definitivamente. Seus três pilares, exemplos de moral, respeito, ética, luta, garra e superação, o haviam deixado. Com feridas na alma, aquele menino aprendeu que, na vida, se perde e se ganha também. Ao mesmo tempo que ficou sem aquelas grandes referências, conquistou uma esposa linda, parceira e solidária. As lições dos ancestrais formaram as características da personalidade do menino, agora homem. A partir daquele momento, o nome "Zezé" ficou mais distante. O poder de decisão, a ousadia e a capacidade de fazer o entorno crescer junto com ele passaram a se chamar Zé Alencar.

Prosperidade

A primeira tentativa do jovem casal de constituir uma família fracassou. Mariza perdeu o primeiro filho com meses de gestação. Aquilo não era novidade para Alencar, já que a mãe perdera quatro. Sua linda mulher engravidou de novo em abril de 1958. Como imperava a tradição machista brasileira, ele esperava que fosse um menino.

"Era aquela história. Se o camarada era um jogador de futebol, ele já começava a enxergar o filho como seu seguidor. Era normal o pai pensar num filho. E a mãe torcia para que fosse um menino porque sabia que, assim, daria uma notícia que agradaria mais ao marido: 'É um menino!!!'", explicou Alencar.

Zezé ficou orgulhoso do mesmo jeito. Mariza batizou a primogênita de Maria da Graça. A netinha não conheceu os avós paternos, mas curtiu o pai logo nos primeiros meses. Quando Alencar chegava de viagem, ela fazia uma festa danada. Balançava com força o bercinho, doado pela tia, irmã de Mariza.

Naquele início de 1960, a vida começava a mudar completamente para a nova família. Geraldo havia montado um negócio inédito e revolucionário em Ubá, 240 quilômetros ao norte de Caratinga. Depois de muito viajar carregando malas de amostras de tecidos para anotar os pedidos dos fregueses, o irmão mais velho de Zezé criou um sistema de pronta entrega. Comprou um caminhão, montou prateleiras especiais no baú e passou a vender os tecidos de porta em porta.

"Antes ele atendia o pedido na medida do possível. Muitas vezes o cliente pedia uma cor e depois não tinha. Além disso, demorava não sei quanto tempo para ele receber aquela mercadoria lá onde estava, no interiorzão. Com o caminhão-prateleira, Geraldo deixava o produto ali na hora, o cliente sabia o que estava comprando, pagava e pronto", contou Alencar.

Com mais quatro sócios, Geraldo fundou a União dos Cometas. Cometas era como se chamavam os vendedores viajantes. Geraldo ia às fábricas, fazia as compras com uma caminhonete F100. Manoel Vieira ficava no balcão do armazém onde as mercadorias eram estocadas. Heitor Perez, tio dele, viajava num caminhão F350, com capacidade para 3.500 quilos. E João Batista Magro fazia o mesmo, mas com um caminhão maior, um F600, que levava até seis toneladas. O negócio foi um sucesso que Geraldo pouco pôde desfrutar. Com sua morte, a viúva e os quatro sócios dele perceberam que não havia, entre eles, um administrador capaz de levar a empresa adiante. E foram atrás de Alencar. "Seu irmão falava que quem sabe trabalhar é você. Compra isso e toca para a frente, Zezé", suplicaram eles.

Alencar achou aquela ideia genial e enxergou uma bela oportunidade de crescer. Vendeu tudo o que tinha em Caratinga e mudou-se para Ubá. Logo que chegou, comprou mais dois caminhões. E assim foi até a frota atingir quarenta veículos e cobrir todo o estado de Minas Gerais. No início dos anos 1960, houve um forte aumento na inflação no país por conta da crise política, renúncia de Jânio Quadros e posse de João Goulart.

"Quando veio a renúncia, todo mundo ficou apavorado. Eu fui a Belo Horizonte para comprar o máximo de tecidos que podia. Os fornecedores queriam vender e falavam entre eles que eu ia quebrar a cara porque o Brasil estava com problemas sérios. Acabei ganhando muito dinheiro. Comprei por um preço e vendi muito mais caro depois. Parti do seguinte princípio: quando todos querem vender, é hora de comprar; quando todos querem comprar, é hora de vender."

Não demorou e Alencar percebeu uma mudança no comportamento dos consumidores e do mercado. Antes, toda dona de casa tinha uma máquina de costura, comprava pano e fazia a roupa. O mesmo acontecia com os alfaiates. Mas os costumes mudaram e o mercado se abriu para as roupas prontas. E o empreendedor de faro apurado ousou de novo. Abriu uma confecção. Primeiro ele manteve o nome de União dos Cometas em homenagem ao irmão Geraldo. Mais tarde, adotou o nome Wembley, pegando carona na onda da Copa do Mundo, cuja final seria disputada no famoso estádio inglês. A confecção cresceu, e Alencar começou a abrir lojas para vender exclusivamente seus produtos. No total foram 45. Na capital mineira, ele ainda fundou um hotel com o mesmo nome, "o melhor três estrelas da cidade", dizia ele.

Nem bem a pequena Maria da Graça alcançava um ano e quatro meses e nasceu Patrícia, em maio de 1960. Mais uma vez foi Mariza quem escolheu o nome. Três anos depois, veio um menino. E, dessa vez, foi Alencar o autor do batismo. Na vizinha cidade de Cataguases havia uma família que era considerada um paradigma da área têxtil, os irmãos José e Manoel Peixoto, gente que Zezé admirava muito. Manoel deu ao filho o nome de Emanuel, e José batizou seu herdeiro de Josué. Alencar gostou daquilo e fez o mesmo. Ele não era jogador de futebol, mas já enxergava seu futuro naquele menino.

Adorava as filhas, mas tinha um carinho especial pelo caçula. Lembrou-se dos tempos em que ajudava o pai na loja da roça, quando montava cavalo em pelo para ir à cidade ainda menino, quando anotava o movimento de compra e venda da casinha comercial e das vezes em que desarreou, escovou, deu comida e soltou, no pasto, cavalos e mulas dos amigos do pai. O pequeno Josué certamente não faria aquelas coisas, mas, sem saber, o destino de seguir os passos de seu genitor já estava traçado.

Orgulho

Já estávamos havia uma hora e quarenta minutos no gabinete do vice-presidente. Com os efeitos desagradáveis da quimioterapia batendo à porta, Alencar parecia exaurido. Estava pálido, com movimentos lentos das mãos e das pálpebras. Esse foi um de nossos desafios durante a captação das informações para o livro. Por mais entusiasmados que estivéssemos com a eloquência e a precisão da memória do vice e não quiséssemos parar a entrevista, tínhamos que manter a vigilância sobre a saúde dele.

— Não sente cansaço, presidente?

— Sinto, uai! Mas não é cansaço da vida, não. Tem a música que fala assim: "Ninguém me ama, ninguém me quer, ninguém me chama de meu amor, a vida passa, eu sem ninguém, e quem me abraça nem me quer bem... e de fracasso em fracasso, hoje antes de tudo, me resta o cansaço, cansaço da vida, cansaço de mim, velhice chegando e eu chegando ao fim...". Dependendo do resultado do exame, eu canto essa, hein?

Alencar não se cansava de nos surpreender. Mesmo com os efeitos colaterais maltratando sua disposição, ele recrutou seu estado de espírito, sempre otimista, para rebater a aparência esgotada. E mandou mais um samba.

"'Se você não me queria, não devia me procurar, não devia iludir, nem me deixar apaixonar, mas você arruinou minha vida, ora, mulher, me deixe em paz...' Isto é um samba rasgado!"

O ânimo voltou, e o homem abriu um livro comemorativo dos cinquenta anos de vida empresarial. Mostrou na contracapa as fotos do avô Innocêncio, do pai Antonio e do irmão Geraldo. Passou pelas dos caminhões da União dos Cometas e foi direto para o que queria mostrar, as fábricas da Coteminas.

"Essa foi a primeira, de Montes Claros. Veja que beleza a de Campina Grande. Esta aqui é um primor, é a fábrica de Blumenau. Outra primorosa é esta, em São Gonçalo do Amarante, no Rio Grande do Norte. Não foi feita por mim, apenas reformei. Dá uma olhada no piso, na saída do pessoal, tudo limpíssimo. E não foi para tirar foto, não. É assim sempre!"

Folheava e saboreava o sucesso. Fomos testemunhas de um momento raro, já que Alencar não gostava de sair por aí se gabando, se vangloriando. Mas ali, conosco, não resistiu à tentação.

"Agora tem fábrica para todo lado, tecelagens moderníssimas, gigantescas. Essa é a de João Pessoa, toalhas. Essa aqui é uma hidrelétrica que construí com a Cemig. Consegui descontos na compra dos equipamentos e a usina saiu pela metade do preço. E essa é nossa fazenda no Cantagalo, onde a gente faz a pinga Maria da Cruz."

O homem estava em êxtase, tinha uma alegria evidente nos olhos.

Ele deixou claro que tinha um objetivo, um desejo, como se fosse o último: terminar seu segundo mandato.

"Se Deus me der força para viver mais um ano, farei 79 anos e, 73 dias depois, terminarei meu mandato."

Contava os dias para encerrar um ciclo, mas já pensava em começar outro. Queria se candidatar ao Senado ou ao governo de Minas. Mas estava cauteloso por motivos óbvios.

"Não levarei meu nome como candidato a nada se eu não estiver bem. Não seria honesto defender propostas sem ter absoluta segurança de que poderia exercer meu mandato. Agora, se Deus me curar e as pessoas quiserem que eu me candidate a alguma coisa, eu não posso fugir."

Já que tudo em relação ao futuro era colocado na conta de Deus, Ele atendeu só a metade dos pedidos. Um ciclo ele encerrou. O outro, nem começou.

"Vamos almoçar!", ordenou Alencar.

Dessa vez, o convidado para ir com ele até o Palácio do Jaburu fui eu. Havia momentos em que Alencar não conseguia esconder o abatimento. Ali, dentro do carro, olhou pela janela para uma Brasília da qual parecia se despedir. Foi um olhar triste, em silêncio. Baixou os olhos, fez um carinho no estofado do banco e olhou para mim sem nada dizer. Não era preciso. Meu coração apertou. Naqueles poucos minutos que separavam o gabinete da residência, eu estava presenciando um momento íntimo e espontâneo daquele lutador. Um homem que, por insistência minha, havia buscado na memória sua história de superação e de sucesso. O passado estava garantido, e o futuro parecia encurtado. A tristeza foi inevitável.

Já à mesa, dona Mariza se desculpou por não estar presente no almoço do dia anterior. Como se precisasse...

Enquanto comia pão com queijo Cottage, Alencar falou sobre o senador americano Ted Kennedy, que acabara de morrer.

— Se ele tivesse se candidatado, teria morrido. O mais astuto político da família foi esse que morreu agora. Era muito bom político, de peso. O Robert era mais simpático, o John Kennedy também era uma figura carismática, mas com esse aí o Partido Republicano tinha muita preocupação, porque o Ted tinha projeto, ele não era fácil.

Diante da descontração, Patricia arriscou:

— O que o senhor estava fazendo quando o homem chegou à Lua?

— Eu estava ocupado. Seu Biló, o velho que tomava conta da fábrica em Ubá, dizia aos meninos: "Esse homem não foi à Lua nada, esse homem foi a São Paulo!". Hehehe! Para ele o lugar mais importante era São Paulo, mais difícil de chegar e mais longe. "Foi à Lua nada, foi a São Paulo, terra boa, terra fofa, aquilo dá muitos cereais, vê se a Lua tem uma terra fofa daquela...", falava Biló.

Estávamos no começo de setembro de 2009 e só se falava na campanha eleitoral para a presidência, embora ainda faltasse mais de um ano para as eleições. Alencar adorava aquele assunto. Mas, como bom mineiro, botava em prática o mantra nacionalmente conhecido: "Não sou contra nem a favor. Muito pelo contrário...". Confira você mesmo.

— Se os dois candidatos finais forem Dilma e Serra, o que o senhor acha que acontece? — perguntei.

— Eu não faço nenhuma avaliação hipotética. Avaliação do quadro de votos eu não faço. Ninguém sabe quais serão os candidatos, você tem que deixar cada coisa para o seu tempo. Primeiro tem que haver candidatura para depois haver expectativa de eleição.

— A Dilma tem chance? — provoquei.

— A Dilma possui todas as qualidades, mas, por enquanto, ela não é candidata e tá longe ainda. Mesmo que haja, como tudo indica, uma firmeza do Lula quanto ao nome dela, ela só vai ter a candidatura lançada na última hora, na convenção.

— E a Marina tem chance?

— Acho que tem, por que não? É uma moça acreditada, moça inteligente, tem todas as condições. Agora, tem que ver se ela é conhecida o suficiente entre a população para uma candidatura à presidência da República. O Serra, por exemplo, ele tem razão para ser mais conhecido porque já disputou. Ele tem *recall* também porque é governador de São Paulo. Da mesma forma, o Alckmin também tem *recall*. Tem muita água para passar, depende dos acontecimentos.

A conversa avançou para a capacidade de um político transferir votos para outro. Na época, dizia-se que "Lula elege até um poste".

— Transferir é uma coisa muito difícil. É verdade que o Lula é um fenômeno incomum, é um cara que ainda não tinha nascido, e não sei se nasce outro igual. É um fenômeno não apenas como mestre do ponto de vista político-eleitoral. Ele é um fenômeno de inteligência, de argúcia, ele é um danado! Tem um carisma raro, todo mundo gosta dele. Pode até acontecer, mas até agora não surgiu nenhum nome capaz de despertar tanta curiosidade e aplauso como ele conquistou — avaliou o vice.

— E o Serra? — insisti.

— O Serra tem um grande pássaro na mão que é a reeleição como governador de São Paulo. Isso é um grande pássaro na mão, ele não pode jogar fora. Só se for uma coisa muito bem organizada que lhe dê condições de pensar em chance efetiva. Do contrário, eu não entrava, não. De jeito nenhum.

— E o Aécio Neves?

— Aécio é um candidatíssimo do PSDB. É claro que ele sabe que não tem chance de ganhar do Serra na convenção, mas isso não significa que ele tenha desistido. Se ele for candidato, para ele será ótimo mesmo que não tenha uma vitória na primeira candidatura. O Serra vai para mais de setenta anos de idade, daqui a quatro anos...

Conjecturas à parte, Alencar deu mais uma dentada na goiabada com frutas e decretou o fim daquele nosso ciclo.

— Depois marcamos outro encontro.

O último alívio

Duas semanas depois de retomar a quimioterapia, Alencar sentiu para valer os efeitos colaterais do remédio novo, o inibidor de tirosina quinase. Seu sistema imunológico, responsável pelas defesas do organismo, deprimiu e provocou uma pancitopenia, uma queda do nível de plaquetas, hemoglobina e de glóbulos brancos no sangue. Sentia-se muito cansado, tinha dificuldade para respirar, estava pálido. Veio para São Paulo e passou dois dias no hospital fazendo transfusões de sangue, o método clássico de curar uma anemia. Sangue novo, células novas, e o sistema imunológico se recuperou. Alencar saiu, de novo, rindo do tumor.

Dois dias depois, assumiu mais uma vez o cargo de presidente interino por causa da viagem de Lula a Nova York para participar da Assembleia Geral da onu. Despachou de seu apartamento, em São Paulo, porque passaria por nova sessão de quimio naquela semana no hospital Sírio-Libanês.

Já em Brasília, o homem se mostrou disposto a falar. Convocou jornalistas em seu gabinete e falou sobre tudo. Numa declaração polêmica, o presidente em exercício defendeu que o Brasil desenvolvesse armas nucleares como importante "fator de dissuasão" e para "dar mais respeitabilidade" ao país.

"A arma nuclear utilizada como instrumento dissuasório é de grande importância para um país que tem 15 mil quilômetros de fronteiras a oeste e tem um mar territorial e, agora, esse mar do pré-sal de 4 milhões de quilômetros quadrados de área. Nós, brasileiros, às vezes somos muito tranquilos. Nós dominamos a tecnologia da energia nuclear, mas ninguém aqui tem uma iniciativa para avançar nisso. Temos que avançar nisso aí."

E ele, que durante toda a vida teve muito respeito e apreço pelos militares, não parou por aí. Destacou a necessidade de aumento do orçamento das Forças Armadas e da vinculação desse orçamento ao PIB, o conjunto das riquezas produzidas pelo país.

"Precisa ter uma percentualidade do PIB entre 3% e 5%, que daria muita força para o sistema de defesa, que precisa de cuidado e está abandonado há muito tempo", comentou Alencar com propriedade, já que tinha sido ministro da Defesa.

Embora as eleições ainda estivessem longe, os jornalistas provocaram Alencar, já que o presidente em exercício estava com a língua solta. Perguntaram sobre a fama de brava da então ministra-chefe da Casa Civil, Dilma Rousseff, cotada para ser candidata à presidência da República. Ele foi direto:

"Precisamos de uma mulher brava, porque ela, pelo que eu conheço dela, pode ser brava, mas tem duas qualidades que eu acho importantíssimas na vida, na personalidade dela. Primeiro, ela é brasileira com "B" maiúsculo. Segundo, é dedicada aos detalhes de tudo. Muito dedicada, muito séria e muito brava. Tem que ser brava mesmo."

As sessões de quimioterapia se sucederam e as rebordosas também. Mas nada que aquele homem aguerrido não suportasse. O frio, a fraqueza e o cansaço já faziam parte de sua rotina. O calendário alcançava outubro, mês do aniversário de Alencar. Quando uma data importante se aproximava, para aquele paciente, que vivia renascendo das cinzas e desafiando os prognósticos, era como se tivesse conseguido uma vitória cada vez mais improvável, difícil de acreditar. No sábado, dia 17, uma surpresa bateu à sua porta, no Palácio do Jaburu. O presidente Lula e a primeira-dama dona Marisa chegaram com a banda do Batalhão da Guarda Presidencial e cantaram "Parabéns a você".

O vice chorou. No fundo, ele sabia que ver o dia seguinte estava se tornando um desafio.

Cinco dias depois, Alencar teve a primeira boa notícia desde 2006, quando o sarcoma foi descoberto. Os exames de imagem revelaram uma redução de 30% nos tumores. Alívio geral. Apesar de não ter indicação específica para casos como o do vice-presidente, o inibidor de tirosina quinase associado à quimioterapia convencional estava dando resultado. A decisão foi "pisar no acelerador" daquele tratamento.

"A minha expectativa é de que possamos vencer o câncer. Não é fácil porque o câncer é uma ameaça para o mundo inteiro, mas estamos indo bem. Deus está me ajudando. Há uma corrente que se formou no Brasil inteiro. Tenho recebido manifestações por meio de orações de pessoas dos estados mais distantes, que eu nem conheço. Deus está ouvindo. Estou animado", comemorou o lutador.

Com o estado de espírito turbinado pela notícia, o vice-presidente voltou a um de seus temas prediletos. Bateu duro no

Comitê de Política Monetária do Banco Central por manter a taxa de juro na estratosfera.

"A situação da economia brasileira vai muito bem, apesar dos juros básicos, que são muito altos. Queremos que as pessoas estejam sempre em condições de consumir e comprar o que precisam. Para isso, as taxas de juro precisam cair. O consumidor não pode ficar pagando essa taxa que paga. Isso atrapalha o desenvolvimento do país."

Com Lula no Brasil e o câncer "na gaiola", Alencar percorreu cidades recebendo títulos e homenagens. A da Federação das Indústrias de São Paulo foi uma das mais emocionantes. Foi uma choradeira geral, que terminou com o presidente às lágrimas.

"Foi uma dádiva de Deus ter te encontrado. A gente devia ter se cruzado antes. Aí, quem sabe, eu não teria perdido tantas eleições. Nós não temos divergências, somos companheiros, fazemos aquilo que entendemos que precisa ser feito. Ele é um pouco mais à esquerda do que eu. Eu virei um sindicalista mais conservador, e ele, um empresário mais esquerdista", brincou Lula.

Mais dois meses, mais dois exames completos e mais boas notícias. O tamanho do tumor havia reduzido de dezoito para três centímetros. O vice e a família ficaram eufóricos, tanto que Alencar começou a falar em candidatura ao Senado.

"Só levarei meu nome se Deus me deixar. As coisas estão indo bem, o tumor está definhando, isso significa que está secando, está desaparecendo. Alguns médicos já falam para eu colocar o verbo no passado. Eles dizem que 'havia um câncer no Zé Alencar'. Tudo indica que não há mais. Então, se Deus me curar, se ficar constatado, e eu tiver condições de exercer o mandato, então eu aceito disputar democraticamente."

O entusiasmo acompanhado de certo exagero era natural para quem havia sido desenganado pelos maiores especialistas do mundo. Cauteloso, o oncologista Paulo Hoff colocou as coisas no devido lugar: "É muito cedo para se falar em cura. O que conseguimos foi controlar o câncer, interromper a evolução da doença. Ele pode até sumir agora, mas isso não significa que não possa voltar".

O controle permaneceu até meados de 2010. Mas os efeitos colaterais provocados pelo coquetel estavam aumentando. Alencar começou a ter acúmulo de água nos pulmões, o único rim piorou e as artérias do coração passaram a sofrer espasmos, fechamentos muito rápidos provocados pelos remédios.

As doses dos medicamentos tiveram que ser diminuídas, e "o bicho" voltou a crescer. Os sustos também reapareceram. No começo de julho, durante uma das sessões do tratamento, o vice-presidente teve uma crise de hipertensão que quase levou a equipe médica a infartar.

O sonho de voltar ao Senado foi por água abaixo quando o cardiologista Roberto Kalil identificou um fechamento parcial de uma das artérias e determinou uma angioplastia para a colocação de mais um *stent*, aquela molinha que mantém o vaso aberto.

O ciclo de otimismo se encerrou. E o meu também, tanto em relação à doença quanto à possibilidade de continuar a nossa conversa para este livro. Durante todos aqueles meses, eu vivi um dilema. Quando Alencar melhorava, Lula aproveitava para viajar, o vice assumia a interinidade na presidência e sumia da minha vista. Ficava sem agenda para mim. Quando ele piorava, por motivos óbvios, era impossível falar com ele. A cada mergulho que eu dava nas informações sobre a saúde de Alencar, eu via o livro escorrendo pelos meus dedos. A cada dia que passava, me envolvia com aquele personagem que parecia ficar cada vez mais distante. Decidi arriscar. "Não vai haver momento ideal", pensei. Liguei para Adriano Silva, chefe de gabinete do vice-presidente.

— Adriano, saiba que é duro para mim o que eu vou te dizer. Todos nós torcemos pela recuperação dele, mas a situação está se agravando, você sabe. Temos que tomar os depoimentos que faltam antes que o pior aconteça.

— Concordo com você, mas o momento é delicado — respondeu em tom solene.

— Temos que sair dessa sinuca de bico. Converse com ele, a sós. Só você pode convencê-lo.

— Tá bom. Vou ver o que eu consigo. Te falo.

Adriano tinha uma influência sobre Alencar como poucos. Afinal, eram mais de trinta anos de convivência quase diária. No fundo eram grandes amigos, confidentes. O empresário e político foi inúmeras vezes convencido a mudar de ideia diante do bom senso daquele mineiro de Belo Horizonte, que passara mais tempo com Alencar do que com a própria família.

E ele conseguiu. O segundo ciclo de depoimentos foi, de novo, em Brasília. Na manhã do dia marcado chegamos bem cedo ao gabinete do vice-presidente. Adriano nos recebeu e disse que o vice ia atrasar. Lula o havia convocado para presidir a reunião do Conselho Político. O presidente estava com a agenda cheia, fez a abertura e saiu. Como não podíamos perder tempo, Patricia Carvalho e eu investimos no próprio Adriano. E aí vimos o tamanho da fidelidade do assessor para com o chefe. Queríamos que ele ajudasse a lembrar de histórias que o vice não nos contara. Jornalista é assim mesmo. Toda oportunidade que surge de investigar ele procura aproveitar. Mas Adriano botou toda a sua mineirice em campo, falou muito e disse pouco. Percebemos que ali havia um limite intransponível.

"Passei um bilhete para ele para avisar que vocês já estão aqui. Mas acho que vai demorar", disse ele.

Demorou tanto que decidimos almoçar no bandejão da vice-presidência. Quando estávamos na sobremesa, Alencar ligou e perguntou se a gente poderia gravar no Jaburu.

"Gravo com ele até dormindo", respondi.

Pois foi quase isso que aconteceu. Quando chegamos ao Palácio, pediram-nos para entrar na ala residencial, na ala íntima. "O que será que está acontecendo? Será que ele piorou?", perguntei-me. Entramos no quarto e encontramos o vice-presidente deitado na cama coberto até o pescoço.

— Vocês não reparem, por favor. Me desculpem recebê-los assim, mas tenho que descansar, ficar deitado, porque a químio consome as minhas energias. Mas vamos trabalhar! — disse.

Eu não sabia se enfiava a minha cabeça debaixo das cobertas, se saía dali, se pedia desculpas. Fiquei constrangido e preocupado. "Será que forcei muito a barra?", penitenciei-me. Adriano percebeu e me socorreu.

— Está tudo bem. Ele só tem que ficar deitado. Fiquem à vontade, não é presidente?

— Perfeitamente!

O quarto era simples. Os móveis, todos escuros, de jacarandá. Alencar estava coberto com um cobertor xadrez antigo. Ao pé da cama, um par de chinelos de couro daqueles de vovô, em "posição de sentido". As grandes janelas estavam fechadas, mas dava para ouvir os gritos das emas no jardim.

Botei o gravador no colchão, perto dele. Alencar o colocou no travesseiro.

— Aqui é melhor. Deixe ele aí — ordenou.

O vice estava cansado depois da reunião da manhã. Mas foi só começar a falar que ele despertou. Ainda mais porque o tema, dessa vez, era "música para seus ouvidos". Um império chamado Coteminas.

O colosso

Todo comerciante que se destacava, em geral, era cooptado pelo Rotary Club, a famosa organização internacional de líderes de negócios e profissionais liberais que presta serviços à comunidade local sem fins lucrativos. Alencar começou a contribuir ainda em Ubá. Foi numa das reuniões que ele conheceu o deputado federal Luiz de Paula Ferreira, do PSD, então governador do Rotary.

Já consolidado como empresário, ele recebeu um telefonema inesperado em 1967. O vice-governador de Minas, Pio Canedo, que era de Muriaé e para quem o pai de Zezé havia feito campanha na região, estava do outro lado da linha: "Zezé, preciso fazer contatos políticos no norte do estado. Sei que você conhece o nosso companheiro de Montes Claros, o deputado Luiz de Paula. Marque com ele um encontro".

Não era todo dia que alguém em Ubá recebia uma ligação do vice-governador. Alencar se apressou em intermediar a reunião e ligou para o deputado em Brasília.

— Luiz, o dr. Pio, vice-governador, me ligou dizendo que ele quer se encontrar com você em Montes Claros. Quando pode ser?

— Quando ele quiser.

Acertaram uma data próxima, e Alencar convidou o vice-governador para ir com ele: "Tenho um carro muito bom, muito novo. O senhor vai comigo".

Foi uma aventura de quatrocentos quilômetros de estrada de terra que durou mais de sete horas a bordo de um Aero Willys. Chegaram à casa do deputado completamente cobertos de poeira. Luiz de Paula os recebeu na porta. Zezé se assustou com o tamanho e a beleza da casa do deputado. Constrangimento à vista.

— Nós não estamos em condições de entrar na sua casa assim, deputado. A gente não consegue dar um passo sem cair poeira — disse Zezé.

— Não tem nada disso. Entrem!

O anfitrião deu um quarto na parte de cima da casa. Tinha duas camas e um banheiro. Alencar deixou o vice-governador tomar banho primeiro e desceu para a sala. Mas ficou meia hora em pé, esperando. "Não dava para sentar. Eu estava todo sujo e a casa era arrumadinha."

Quando Pio Canedo terminou o banho, disse a Zezé:

— Olha só. Tomei banho direito, mas, quando fui me enxugar, a toalha ficou vermelha de terra! Que vergonha!

Alencar entrou na água, lavou-se e também tingiu a toalha. "Bela maneira de começar um encontro político... E ainda na casa dos outros", pensou.

Os dois desceram e pediram desculpas ao dono da casa. Os convidados começaram a chegar. Foram três dias de reuniões e serestas à noite. Mas aquela conversa não era para Alencar. Não, ainda. Luiz de Paula, que tinha ficado impressionado ao visitar a empresa de Zezé em Ubá, perguntou a ele:

— Você fez aquilo sem o apoio de ninguém?

— De ninguém, recurso próprio. Sem apoio de banco ou qualquer instituição.

— Você tem alguma isenção de imposto?

— Não, nada.

— Ah, se você tivesse feito aqui em Montes Claros, você faria pela metade do esforço. Você precisa ler umas coisas, Zezé.

O deputado o apresentou para o superintendente da Sudene, a Superintendência de Desenvolvimento do Nordeste. Apesar de não fazer parte daquela região do país, o norte de Minas Gerais acabou incluído no programa pela semelhança de clima, economia e realidade social. Enquanto os políticos faziam seus contatos, Alencar devorou o livro *Formação econômica do Brasil*, do economista Celso Furtado, um dos fundadores da Sudene. O jovem empresário ficou maravilhado com o que leu.

"Os projetos aprovados e classificados na faixa A tinham direito a 75% dos recursos da Sudene em forma de capital, sem direito a voto. Tinham o direito de importar equipamentos sem pagar impostos desde que não houvesse similar nacional", lembrou o vice-presidente.

Isenção de imposto de renda por dez anos, recurso de capital, isenção de imposto de importação e ainda descontos no imposto sobre circulação de mercadorias, o ICMS. O coração de Alencar disparou. "Essa viagem caiu do céu. O Luiz de Paula é produtor de algodão, eu tenho experiência em tecidos e, agora, esse programa de incentivo. É a minha chance!", vislumbrou o futuro empreendedor. De ponta a ponta. Alencar queria controlar todo o ciclo, não depender de ninguém.

— Luiz, nós temos que fazer é uma indústria de fiação, tecelagem, tinturaria, estamparia e acabamento.

Os dois constituíram, em 1967, a Companhia de Tecidos Norte de Minas, Coteminas. A empresa ganhou personalidade jurídica, mas só existia no papel. O principal ainda estava por vir. Alencar sabia o que fazer, como fazer e a que custo. Havia muito tempo que aquele sonho estava na sua cabeça. Agora, tinha que virar projeto. Contratou um escritório especializado de Recife, a Nordeste Projetos. Depois, arrumou um financiamento do Banco de Desenvolvimento de Minas Gerais e pagou metade quando a proposta ficou pronta. A outra metade seria paga se o projeto fosse aprovado na Sudene. Luiz de Paula não entrou com dinheiro. Ele tinha muitos imóveis e deu o terreno.

O primeiro dinheiro que Alencar botou do próprio bolso no negócio foi para comprar 300 mil tijolos. Para economizar, constituíram um negócio próprio de areia. O projeto foi aprovado dois anos depois e as paredes começaram a subir em 1970. Do total de 30 milhões de cruzeiros do projeto, a Sudene entrou com 22,5 milhões. Só que o projeto foi autorizado para teares convencionais, de lançadeira, e àquela altura já haviam surgido máquinas mais modernas, com teares de projétil, mais rápidos, mais largos e mais eficientes.

Alencar correu o mundo para ver de perto o que havia de melhor. Visitou fábricas nos Estados Unidos, no Japão, na Itália, na Alemanha e na Suíça. E foi nesse último país que ele se encantou com as máquinas da Sulzer Brothers e as importou. A ousadia assanhou os concorrentes, que diziam que aquele mineiro ia quebrar a cara. Afinal, quem faria a manutenção dos equipamentos importados? O que os colegas industriais não sabiam era que, enquanto eles iam com a farinha, Alencar voltava com o bolo. A própria fábrica estrangeira indicou um suíço radicado no Brasil para o serviço.

A família mudou-se para Belo Horizonte, onde o novo industrial abriu o escritório central. Quanto mais o empresário conhecia seu sócio, mais se encantava com ele. Catorze anos mais velho, Luiz também havia sido balconista, mas, diferente de Alencar, estudou enquanto trabalhava. Formou-se em direito em Niterói e virou advogado. Mais tarde, transformou-se num grande produtor de algodão, foi vice-prefeito de Montes Claros e se elegeu deputado federal. Sempre gostou de curtir a vida. Solteiro até os 41 anos, foi repentista, poeta, compositor, músico, violonista e escritor. Casou-se e teve cinco filhos, três meninas e dois meninos. Elas são médicas e eles, engenheiros.

"O Luiz é tudo, intelectual, seresteiro, compositor, fazendeiro, pecuarista, agricultor. É um craque, uma joia!", disse entusiasmado.

Com o fim das obras, a fábrica de Montes Claros começou a operar em 1975. Conforme foi ganhando o mercado de tecidos, a Coteminas se mostrou um sucesso. Mas Alencar não se contentou com aquilo. Sua cabeça de empreendedor o fazia olhar para bem mais adiante. O homem não sossegou e, ao mesmo tempo que administrava a operação em Montes Claros, passou a procurar por outras oportunidades de negócios. Em 1982, decidiu investir no projeto Cotenor e iniciou as obras. Três anos mais tarde, seu faro encontrou um negócio em São Gonçalo do Amarante, no Rio Grande do Norte. Ele adquiriu o controle acionário da Indústria Têxtil Seridó s/a e a transformou em Cotene. Em

1990, a Cotenor começou a funcionar e, em 1992, ele deu início à construção da Cebractex, outra fábrica em Montes Claros.

No ano seguinte, o empresário bem-sucedido resolveu entrar na política e se afastou da operação das empresas. Alencar fez a partilha em vida, também chamada de adiantamento de legítima. Entregou tudo para os filhos.

"Dividi entre os três, mas entreguei o comando para o Josué, pela formação e pela vocação dele. Aquilo não tinha muito a ver com as meninas. É aquela história, não adianta você colocar a pessoa no lugar errado."

Josué, de fato, havia se preparado para aquele momento. Cursou duas faculdades ao mesmo tempo. De manhã, fez engenharia civil na Universidade Federal de Minas Gerais e, à noite, direito na Milton Campos. Foi um dos melhores alunos nas duas. E, de quebra, fez um curso de MBA em Colúmbia, Estados Unidos.

E o filho seguiu a trilha do pai. Saiu construindo fábricas e anexando outras. Em 1994, deu início às obras do Centro Educacional da Coteminas, em Montes Claros. Poucos meses depois, a Cebractex entrou em operação. Mais um ano, e o apetite dos Gomes da Silva parecia insaciável. Derrotado no primeiro turno na eleição para governador de Minas, Alencar voltou para o grupo. Embora tivesse passado o controle de tudo ao filho, ele ainda era o presidente. E chegou com fome de fábricas.

Em março de 1995, começou a erguer a Embratex em Campina Grande, Paraíba. No mês seguinte, os tijolos foram sobrepostos em São Gonçalo do Amarante, onde, em 1997, foi inaugurada a Wentex Têxtil. Em seguida, numa sequência alucinante vieram novas fábricas em Montes Claros, Campina Grande, Macaíba (RN), João Pessoa, Blumenau e, ainda, a fundação da Encorpar, a Empresa Nacional de Comércio, Rédito e Participações s/a, dona da Fazenda do Cantagalo Ltda., localizada às margens do rio São Francisco, na cidade de Pedras de Maria da Cruz, MG.

Para baixar custos, Alencar investiu na construção de uma usina hidrelétrica no norte de Minas, a Usina de Porto Estrela, em parceria com a Companhia Vale do Rio Doce e com a Cemig, as Centrais Elétricas de Minas Gerais.

Ao ser eleito vice-presidente da República, o empresário deixou de vez a Coteminas nas mãos do filho. E veio a internacionalização do grupo. Primeiro veio a fábrica de La Banda, em Santiago del Estero, Argentina. Depois, a maior aquisição. Josué comprou a Springs, a gigante americana, com unidades em Martinsville, Cartersville, Nashville, Bartlesville e Commerce. O grupo ainda adquiriu uma fábrica no México, abriu escritórios de elaboração de projetos em Nova York e em Toronto, no Canadá, e uma *trading* em Xangai, na China.

O menino de pés descalços, enfim, venceu. Construiu um império que, em 2010, faturou 3,1 bilhões de reais, emprega cerca de 15 mil funcionários e se transformou no maior fabricante mundial de artigos para cama, mesa e banho.

E os voos não pararam por aí. Os projetistas de Nova York e Toronto estão entrando no ramo de artigos finos de aparelhos de jantar. A primeira experiência foi um sucesso. E a Fazenda do Cantagalo, onde Alencar esteve apenas seis vezes, se prepara para receber um investimento gigantesco. Além de produzir "a menina dos olhos" do empresário, a cachaça Maria da Cruz, e de engordar milhares de cabeças de gado, vai se transformar numa grande produtora de grãos. A Cantagalo General Grains, que já tem 150 mil hectares espalhados em cinco fazendas em Minas, Piauí, Mato Grosso e Goiás, pretende dobrar de tamanho em breve. Ou seja, o "colosso" de Alencar vai ficar ainda mais colossal.

A morte

CONFORTAVELMENTE DEITADO SOBRE o orgulho por ter construído um império, Alencar pegou um papel e me deu.
— Leia isso. É a coisa mais linda!
Comecei a ler. Era uma carta de uma moradora de Campinas.
— Em voz alta, Burnier! — ordenou a autoridade.

Honrado Senhor Vice-Presidente,
Uma noite dessas, de agonizante insônia, me pus a pensar o quão forte o senhor é e a lição de vida que vem, com tanto sofrimento, ministrando aos brasileiros. Levantei e escrevi o texto anexo, que gostaria muito que vossa excelência lesse, como modesto tributo de uma dentre tantas brasileiras que o admiram.
Atenciosamente,
Maria Hortência Ceglia Fonton Teixeira

Lição de vida. Homenagem a José Alencar.

Dizem que Deus chama para si primeiro os melhores. Vide o caso de dona Ruth [Cardoso, esposa do ex-presidente Fernando Henrique], que foi retirada abruptamente do nosso convívio. E, assim sendo, um dia Deus olhou para José Alencar e pensou: "Está na hora dele, já se formou, já se casou, teve filhos, constituiu patrimônio razoável com seu trabalho. É, vou chamá-lo para mim". E vapt! Lançou um câncer fatal no organismo de seu escolhido.

Internado no hospital, José Alencar recebe a visita de Deus.

— Vamos, Zé, chegou a sua hora.

— Mas, Senhor... — retruca José Alencar. — É tão cedo... Preciso ver meus netos.

— Mas você já os viu — responde o Senhor.

— Não, preciso ver meus netos se formarem!

— Ah, entendi. Façamos o seguinte — propõe Deus. — Se você aguentar a carga de sofrimento que está por vir, possivelmente presenciará a formatura de seus netos.

— Obrigado, meu Deus, por sua bondade — responde José Alencar, cheio de vida.

Pouco tempo depois, novo teste é lançado por Deus. Novo câncer se instala no organismo de seu eleito. De volta ao hospital, Zé Alencar recebe novamente a visita de Deus.

— E aí, Zé? Vamos embora? — pergunta Deus.

— Mas será possível, sô! Basta eu entrar no hospital para dar uma garibadinha na lataria que lá vem você, lá vem o Senhor com esta conversa mole de novo?

Resignado, Deus vai embora sem levar o amigo. Meses depois, a doença pega novamente de surpresa o predileto de Deus. Nova visita. Nova despedida. Assim se passam doze anos. Já cansado, Deus não aguenta mais aquele sujeitinho tinhoso que teima e teima em ficar vivo. Então, enfim, na décima quinta cirurgia, o Senhor decide ter uma conversa definitiva com José Alencar.

— Bom, Zé, agora já chega. Você realmente está de parabéns pela sua persistência, mas seu tempo acabou. Você já viu seus netos se formarem e até virou vice-presidente da República para melhor ajudar seu povo. Agora chega. Preciso de você lá no céu.

— Senhor, com todo o respeito, acho que mereço uma nova oportunidade.

— Qual seria, Zé? — indaga Deus ressabiado.

— A de ver meus bisnetos — responde um aflito José Alencar.

— Ainda bem que eles estão chegando — retruca Deus mais aliviado.

— Não! — brada forte José Alencar. — Quero ver meus bisnetos se formarem!

Às gargalhadas, Deus então não resiste:

— Tá bom, Zé. Você venceu. Venha quando quiser, o seu lugar ao meu lado estará eternamente reservado. Eu prometo não importuná-lo mais. — E finaliza o Senhor: — Se a metade dos políticos brasileiros tivesse a dignidade, a perseverança, o amor pelo próximo e, acima de tudo, a paixão pela vida que você tem, realmente o Brasil seria um país muito melhor.

E Deus finalmente vai embora.

Parabéns, Senhor Vice-Presidente, principalmente para nós, brasileiros, que temos muito orgulho de tê-lo entre nós. Que Deus não quebre a sua promessa e que o senhor, daqui a muito tempo, bem velhinho e com os bisnetos formados, diga: "Minha gente, chegou a minha hora. Deixo para vocês meu maior patrimônio, a minha vida. E até a semana que vem, se Deus quiser, e Ele há de querer, porque não sou eu quem vai ficar sentado ao seu lado sem fazer nada por mais de uma semana". Este, com certeza, é o nosso José Alencar.

Eu quase não consegui terminar de ler. Desde o meio do texto, Alencar já enxugava as lágrimas. O conteúdo daquelas frases funcionou como uma catarse para "o predileto de Deus". Ali, em algumas folhas, viu resumida sua gana por viver, por ver o dia seguinte. Viu resumidas sua relutância e sua teimosia. Viu resumido o inconformismo que fora reservado para seu destino. O que eu vi naquele momento foi muito triste. Um homem de idade, fraco, pálido, cansado, com os olhos vagando desesperadamente atrás de uma saída, de uma solução. Ele, que sempre as encontrou, dessa vez viu que não dependia só de sua vontade. Apesar de ser turrão com Deus, Alencar jamais reclamou de viva voz de seus problemas.

"Já me falaram muito sobre meu estado de espírito, como estou em relação à morte. E comecei a pensar nisso por causa dessas perguntas. E sabe a qual conclusão cheguei? Que se eu morrer agora será um prêmio para mim, porque são tão boas as imagens mandadas por essas mensagens que tenho recebido do Brasil inteiro que, se eu morrer com essas imagens, será um privilégio. Eu tinha uma professora que rezava, acho que era uma oração: 'Livrai-nos da morte repentina'. É bom que você esteja consciente. Então, eu chego à conclusão de que, sim, à medida que vai passando o tempo, a gente vai se engajando cada vez mais com o compromisso, ou seja, o de pedir a Deus humildade. Eu tenho pedido humildade. Eu tenho pedido a Deus que não me dê nem um dia a mais de vida de que eu não possa me orgulhar. Tenho pedido isso seriamente a Deus."

O vice-presidente estava quase escondido na coberta e falava como se não houvesse mais ninguém por ali.

"Por mais razão que você tenha, você deve ter um compromisso com a humildade. Não tem nada mais sério e mais importante do que isso. Como disse Jesus Cristo, os humildes serão exaltados e os exaltados serão humilhados. E Cervantes, a humildade é a mais importante de todas as virtudes. Tão importante que, sem ela, não há virtude que o seja."

E a lição de simplicidade terminou de maneira inusitada. Alencar puxou a coberta para o lado e, num movimento rápido, descobriu o corpo e se levantou. Estava com o short azul-escuro de pijama e uma camiseta branca, com um furo do lado esquerdo. Patricia e eu ficamos paralisados, sem ação. O vice-presidente da República, no alto de sua autoridade, não se incomodou nem um pouco em nos incluir naquela intimidade. "Meu Deus, esse homem não existe...", falei baixinho para mim mesmo.

Andando devagar, mas com passos firmes, ele voltou para a cama. Pediu desculpas pela interrupção e se pôs a cantar um trecho da música "Quando eu me chamar saudade", de Nelson Cavaquinho.

"Sei que amanhã, quando eu morrer, meus amigos vão dizer que eu tinha um bom coração. Alguns até irão chorar e querer me homenagear, fazendo de ouro um violão. Mas depois que o tempo passar sei que ninguém vai se lembrar que eu fui embora. Depois que eu me chamar saudade, não preciso de vaidade. Quero preces e nada mais..."

"Ele não existe mesmo", me diverti mentalmente.

Não demorou muito e o cansaço bateu naquele homem, prestes a completar 78 anos. Nós nos despedimos e voltamos a São Paulo. Oito meses depois dessa entrevista, o mesmo verso de música cruzou o meu caminho. Alencar tinha falecido havia três dias e fui a Belo Horizonte para o velório e para gravar uma reportagem especial sobre ele para o *Fantástico*. Voltei ao escritório particular do ex-vice-presidente, onde, um ano antes, eu havia entrevistado seus parentes mais próximos. Ao me aproximar da mesa em que ele trabalhava, vi uma pequena caixinha de madeira. Dentro dela, encontrei um papel dobrado. Lá estava o verso de Nelson Cavaquinho escrito à mão pelo próprio Alencar. O nó na garganta foi imediato.

    Ele lutou pela vida o tempo todo, mas foi sempre fiel à realidade. Sabia que seu futuro estava se encurtando e, sem falar com ninguém, se preparou para encarar a despedida.

Justiça

Driblar o dia seguinte a uma sessão de quimioterapia havia se tornado um hábito. Mais que isso, uma obrigação. O que Alencar não esperava era que uma questão judicial, que começara nove anos antes, estourasse naquele momento. O juiz de primeira instância de Caratinga, José Antonio de Oliveira Cordeiro, deu ganho de causa à professora Rosemary de Morais numa ação de investigação de paternidade contra o vice-presidente.

Em depoimento na justiça, a professora disse que sua mãe, Francisca Nicolina de Morais, era enfermeira da Casa de Saúde da cidade e conheceu Alencar em 1953, no Clube Municipal de Caratinga. Segundo Rosemary, os dois tiveram um relacionamento amoroso.

Na ação, a mulher que se dizia filha do empresário afirmou ter sido concebida em agosto de 1954, um ano após o início do relacionamento, nascendo em maio de 1955. Disse que ela foi registrada como filha de Magmar Pinto Neves, com quem a mãe havia se casado. A professora afirmou que só soube que seu pai não era Magmar quando já tinha mais de quarenta anos.

Logo no início da ação, o juiz de primeira instância determinou que Alencar fizesse o exame de DNA. O então candidato ao Senado achou estranha aquela decisão, uma vez que as testemunhas ainda não tinham sido ouvidas e a produção de provas ainda nem havia começado. Em geral, a perícia técnica, no caso o exame de DNA, vem por último, como prega o Código de Processo Civil. Alencar recorreu ao Tribunal de Justiça, em Belo Horizonte, pedindo que, primeiro, se produzissem as provas para depois fazer o exame, se assim a justiça entendesse necessário. O Tribunal respondeu que o juiz tinha o direito de inverter a ordem do processo e manteve a determinação. Aí o empresário se recusou.

Dona Francisca, que morreu de câncer em 2009, chegou a ser ouvida como informante na ação. Disse que conheceu Alencar no clube e que o relacionamento durou cinco meses. Afirmou que gostava muito de namorar e negou que tivesse trabalhado na zona do meretrício.

Em seu depoimento, Alencar rebateu todas as acusações. Disse que não conheceu a mãe da professora, confirmou que morou em Caratinga de 1948 a 1960 e apresentou documentos provando que ficou fora da cidade em 1954, quando se mudou para Itaperuna, no estado do Rio. Explicou que na época era representante comercial da empresa carioca Custódio Fernandes e que não esteve em Caratinga quando a professora foi concebida.

Fora da ação, a única declaração pública do vice-presidente sobre o assunto ocorreu durante o *Programa do Jô*, no início de agosto de 2010. Alencar contou que o assunto surgiu em 1998, quando ele era candidato a senador. Disse também que teve namoradas de dançar no clube, "namoradinhas, coisa rápida" em Caratinga, mas nada sério. Para ele, o único namoro de verdade foi com Mariza, com quem viria a se casar.

"Não há uma pessoa que tenha dito que essa mulher foi vista comigo algum dia. Então, como não há nenhum indício, as pessoas se pegam por aquilo: ou faz ou não faz DNA. Daqui a pouco todo mundo vai ter que fazer DNA."

O vice-presidente afirmou que, naquela época, era comum a rapaziada frequentar a zona boêmia. E criticou a versão apresentada pela professora e seus advogados.

"Eles fizeram uma *joint venture*. Contrataram ficcionistas admiráveis, que fizeram um troço tirado não sei de onde. Então eu não vou me submeter a uma coisa dessas porque, do contrário, todo mundo vai dizer 'Você tem que fazer isso, tem que fazer aquilo' com uma chantagem qualquer. E eu não estou habituado a ceder à chantagem. Se fosse, eu não teria saído de onde saí para chegar aonde cheguei."

Para o vice-presidente, a história foi inventada e lançada a público exatamente no período eleitoral.

"Como eu era candidato ao Senado e depois cheguei à vice-presidência da República, houve um interesse político. A coisa aqui é política", encerrou Alencar.

Um acordo entre as partes foi totalmente descartado pela defesa do vice, porque o que estava em jogo não era apenas uma questão financeira, mas, também, moral. Alegando que sete depoimentos de testemunhas e documentos apresentados à justiça descartariam a sua paternidade, Alencar pediu a abertura do caso, que, como toda ação desse tipo, estava em segredo de justiça. Mas os advogados da professora não aceitaram.

Com a morte de Alencar, a ação fica suspensa até que os filhos e a viúva, herdeiros do ex-vice, sejam citados pelo juiz. Ou seja, o que já demorou dez anos para ter uma decisão inicial pode se arrastar por muito tempo ainda. Os dois lados pedem justiça. Um porque teria sido ignorado, outro porque teria sido vítima de uma chantagem. O fato é que dessa luta Alencar não conseguiu ver o fim.

O COBERTOR ENCURTA

QUANDO NOS CONTOU A história da Coteminas, Alencar resumiu assim a qualidade dos produtos de suas fábricas: "Conosco não tem aquele negócio de cobertor curto, que você puxa para cima e descobre o pé, puxa para baixo e descobre em cima. Nosso produto é de primeira!".

O que nunca existiu na vida empresarial daquele mineiro passou a virar metáfora para seu quadro clínico. Ao mesmo tempo que o coquetel da quimioterapia conseguiu manter "o bicho" sob controle, os efeitos colaterais vieram cada vez mais fortes. O inibidor de tirosina quinase era eficiente e devastador. O funcionamento do único rim de Alencar piorou, e os pulmões começaram a acumular líquido, dificultando a respiração. Um "prato cheio" para as bactérias. No final de agosto de 2010, o vice voltou ao hospital por causa de um quadro infeccioso, tratado com antibióticos.

O quadro reacendeu a tensão entre os médicos. Variações na quimioterapia, tanto nos remédios quanto nas doses, foram adotadas para tentar maximizar os benefícios e reduzir os efeitos colaterais. Mas aquele organismo já tão debilitado dava sinais de que não aceitava mais o tratamento. Era só diminuir as sessões de quimio e o tumor voltava a crescer. A administração da saúde do vice-presidente virou um jogo de xadrez. Uma medida só era adotada depois de avaliar como o adversário poderia reagir.

A crise passou com os médicos andando no fio da navalha. Alencar recuperou forças suficientes para ir a Belo Horizonte votar no primeiro turno das eleições.

"Estou muito feliz de ter podido vir hoje para votar, porque eu não tenho saído. Estou em tratamento, como vocês sabem, mas graças a Deus tive condições de caminhar até a urna, votar e caminhar de volta, estou bem."

A política era um santo remédio para ele. Deixar para trás o ambiente de hospital e voltar a circular com companheiros de partido e aliados vitaminavam seu estado emocional. Definidos os dois candidatos vencedores do primeiro turno na eleição presidencial, Alencar assumiu o comando da campanha de Dilma Rousseff em Minas Gerais. Reuniu no seu escritório particular a cúpula estadual do PMDB, do PT e do PCdoB, além dos candidatos derrotados ao governo de Minas, Hélio Costa, e ao Senado, Fernando Pimentel. O coordenador fez questão de minimizar o baixo astral provocado pelo resultado da eleição para presidente, que foi para o segundo turno. O PT esperava resolver no primeiro turno.

"Em 2002 e em 2006, as circunstâncias não eram tão exuberantes a nosso favor. O quadro que temos é de vitória", ressaltou Alencar.

Três dias se passaram, e o destino do vice voltou para a rua Adma Jafet, 91, em São Paulo. No hospital Sírio-Libanês, os médicos substituíram o "Duplo J", o cateter instalado dentro do ureter. No mesmo dia, meu celular tocou. Era Adriano: "Estamos no hospital para um procedimento simples. Você e a Patricia não querem aproveitar para gravar o que falta com o vice-presidente?".

Largamos o que estávamos fazendo e fomos para lá. Apesar de eu ter trânsito livre no prédio, daquela vez foi diferente. Os seguranças da vice-presidência já estavam nos esperando. No saguão, dobramos à direita em direção à oncologia e subimos até o segundo andar. O espaço destinado exclusivamente ao tratamento de tumores é um dos mais bonitos do hospital. Elegante, cheio de plantas e mármores, o local homenageia a vida e emite uma mensagem de esperança para quem está com a morte batendo à porta. Enquanto esperávamos a ordem para entrar no boxe onde estava Alencar, uma senhora veio até mim: "Sei que você é quem cobre a luta do vice-presidente. Pois diga a ele que estamos nos guiando pelo seu exemplo. Eu venho aqui toda hora por causa da minha filha. A gente vê esse homem lutando com a idade dele e isso nos dá mais força. Diga a ele para não desanimar, por favor", pediu-me a anônima, emocionada.

Fiquei por instantes olhando para aquele lugar de extremos. Parecia sereno, harmônico, mas também tenso e triste. Achei curioso imaginar que o que aquelas pessoas tinham diante de si não era muito diferente do que todos temos diante de nós: o mistério da vida, que pode terminar a qualquer hora, com ou sem tumor. A diferença é que, uma vez instalada, a doença nos faz pensar no assunto. Eu estava mergulhado na minha reflexão metafísica quando Adriano nos chamou. Encontramos Alencar sentado na cama, com o avental do hospital, tomando os quimioterápicos.

— Me desculpem recebê-los assim, mas é o jeito — adiantou o vice.

— O senhor acha mesmo que podemos conversar? — perguntei, por precaução.

— Claro! Eu estou bem, não sinto nada. Do que vocês querem que eu fale hoje?

— De política.

— Oba! É comigo mesmo.

Disse ao vice o que a senhora do saguão havia me pedido.

— É impressionante, isso me deixa obviamente lisonjeado, mas preocupado também. Eu tenho que pedir demais para Deus não me deixar decepcionar as pessoas, porque o apoio que eu recebo delas é demais da conta... — Alencar então começou a justificar a sua transparência com a doença. E usou um exemplo de um vilarejo onde morou por cinco anos. — Um vereador de Rosário da Limeira, ele foi eleito por quem? Pelos eleitores da cidade, que lhe deram condições de assumir uma vaga na Câmara. Ele se orgulha disso e, ao mesmo tempo, é responsável por isso. Se Rosário tem 5 mil habitantes e ele recebeu quinhentos votos, então 10% da população da cidade tem interesse naquele senhor. Se ele tem um problema de saúde, todas as pessoas que votaram nele têm o direito de saber o que está acontecendo.

Como num passe de mágica, o cardiologista Roberto Kalil entrou na sala. Amigo de longa data, ele disparou sua famosa língua afiada na minha direção.

— O Burnier é pior do que quinze quimioterápicos juntos na veia! Mas o senhor está com uma cara ótima.

— Muito obrigado, professor — agradeci enquanto Alencar ria.

Os dois conferiram os resultados dos exames de sangue, que acusaram uma pequena anemia. Nada de mais. Com a mesma rapidez com que entrou, o médico foi embora. O paciente, aquecido pelo bom cobertor do hospital, olhou para as gotas de medicamento que pingavam em direção ao cateter instalado no peito.

— Nós vamos vencer isso, sabe por quê? Porque nós rodeamos em torno da quimioterapia achando que podíamos fugir dela. E é ela que está nos dando esperança de novo. Esse tratamento poderá dar certo.

Para completar o ânimo e esquecer a metáfora do cobertor, ele estufou o peito e entrou no túnel do tempo da política.

O voo

Se política é a arte de defender um interesse, seja ele público ou privado, então Alencar teve muito mais tempo de escola do que muitos de nós. Desde cedo, de menino de pé no chão, ele assistiu às aulas do pai. O comerciante nada mais era do que um político.

Ele passava o dia tentando convencer o cliente a comprar dele, tentando induzi-lo a crer que estava fazendo um grande negócio. Seja no privado ou no público, o que manda é a argumentação, a maneira de abordar um assunto, a estratégia. E seu Antonio era um "craque", para usar uma expressão típica de Alencar.

Na época em que rodava com a família pelos povoados satélites de Muriaé, seu Antonio ficou amigo de Pio Soares Canedo, que se transformaria num importante político de Minas Gerais. Em 1936, elegeu-se vereador e, em 1943, prefeito de Muriaé, sua cidade natal. Em julho de 1945, menos de dois meses antes do fim da Segunda Guerra Mundial, o presidente Getúlio Vargas e interventores estaduais do Estado Novo criaram o Partido Social Democrático para fazer oposição à União Democrática Nacional, a UDN, antigetulista. Pio Canedo virou líder do PSD na região da Zona da Mata. No final daquele ano, Getúlio foi deposto e seu ex-ministro da Guerra, Eurico Gaspar Dutra, virou o candidato do partido à presidência.

Com catorze anos, Zezé ajudou o pai na campanha do general Dutra na cidade. Ele saía com os colegas com um balde de tinta e um pincel. A turma se dividia, cada cabo eleitoral cuidava de pintar os muros de determinada rua. Ficavam o dia todo escrevendo o nome do general. O objetivo foi atingido. Dutra foi eleito com mais de 3 milhões de votos e, de quebra, derrotou Eduardo Gomes, da temida UDN, e Iedo Fiúza, do Partido Comunista Brasileiro.

Até ali, a participação de Alencar na política era apenas para seguir os passos do pai. Não passava por sua cabeça entrar para valer naquele jogo. Não, ainda. Em 1950, quando a Queimadeira, sua primeira loja, começou a fazer frente aos comerciantes tradicionais de Caratinga, Zezé recebeu a visita do presidente da Associação Comercial da cidade, João Ariano. O líder classista queria entender o sucesso daquele rapaz da roça. Convidou Alencar para ser um associado da entidade.

— Quantos anos você tem, meu filho?
— Dezoito.
— Você não vai pagar a anuidade da Associação Comercial porque você é menor de idade, você foi emancipado pelo seu pai para ser comerciante, você não podia se estabelecer, então você não vai pagar.
— Seu João, eu fico honrado e agradecido, mas não aceito. Eu só aceito se o senhor me deixar pagar o mesmo que todos pagam.

O homem riu e acabou concordando. Uma vez por semana, Zezé ia às reuniões ordinárias da associação, que duravam duas, três horas.

"Se eu não pagasse nada, onde é que estaria a minha tribuna? A minha tribuna não seria tão livre quanto a dos outros, e eu queria a minha tribuna livre", lembrou Alencar.

Ao entrar para uma entidade de classe, um novo mundo se abriu para aquele rapaz. Ali estavam seus colegas, seus concorrentes, para defender não apenas o próprio benefício, mas o coletivo. Se a empresa era uma fração da sociedade e, portanto, de interesse social, todos tinham que crescer junto com ela. A distinção entre o público e o privado começou a ficar mais clara para aquele comerciante debutante. Sem saber, Zezé havia embarcado no que seria seu voo mais alto.

Tudo para ele tinha um sentido prático. Mesmo dono de uma loja, ele continuou usando uma bicicleta para fazer os serviços de banco e para ir de casa para o trabalho. Já com os pais ao seu lado, Zezé se engajou em duas campanhas naquele início dos anos 1950. Pintou nos muros de Caratinga os nomes de Juscelino Kubitschek para governador de Minas pelo PSD e de Getúlio Vargas para presidente pelo PTB. Ambos foram eleitos.

A essa altura, o comerciante promissor debatia com fervor os destinos do país nas mesas dos bares, no clube de Caratinga, na Associação Comercial e na padaria em frente à loja. Seu Domingos Schettino, o dono, adorava conversar com Zezé todo final de expediente. Ele estava encantado com o rapaz. Chegou a dizer a Paulina, uma de suas filhas: "Um dia, esse menino há de ser presidente do Brasil...".

Suas intervenções nos encontros da associação eram pontuais e firmes, embora não tivessem um grande estilo, já que a formação escolar não havia se completado. Mas o que interessava ali era a firmeza no posicionamento, algo que ele tinha de sobra. Graças a isso foi que o prefeito Euclides Etienne Arregui o chamou no gabinete: "Eu queria que você me representasse no segundo congresso pró-asfaltamento da rodovia Rio–Bahia, que vai acontecer em Teófilo Otoni. O deputado federal Tristão da Cunha, que está organizando, me chamou, mas eu não posso ir. Você é da Associação Comercial e é meu amigo. Vai lá e me representa".

Teófilo Otoni ficava a trezentos quilômetros ao norte de Caratinga. Logo que chegou, Alencar conheceu o deputado e ficou encantado. Tristão da Cunha, avô paterno de Aécio Neves, levou ao encontro os mais destacados políticos de Minas. Santiago Dantas, que representou o presidente Juscelino Kubitschek, Magalhães Pinto, candidato a governador pela UDN, e Tancredo Neves, candidato ao mesmo cargo pelo PSD. Alencar conheceu toda aquela gente importante, se engajou nas discussões e voltou extasiado para Caratinga.

A incipiente experiência política de Zezé começou a render frutos. No início da década de 1960, Alencar aportou em Ubá para assumir a empresa criada pelo irmão mais velho e logo se filiou à Associação Comercial da cidade. Já como diretor, ele foi escalado para representar a associação em outro congresso, dessa vez no Rio de Janeiro. O clima político no país estava esquentando, e o presidente da Associação Comercial carioca, Rui Gomes de Almeida, organizou um grande encontro na então Capital Federal.

"Havia um clima de anarquia e de comunização se espalhando pelo país. E a inflação estava em alta. Então eu fui até lá para discutir esses temas."

Alencar tinha escrito um discurso muito cuidadoso com as palavras. Ficou ali ouvindo os colegas falarem e percebeu que as manifestações estavam muito leves, comportadas. Decidiu rasgar seu papel e falar de improviso.

"Eu disse que estávamos assistindo e sendo compreensivos com um movimento que nos levaria à anarquia, à comunização e à inflação. E alertei que precisávamos evitar que se implantassem no Brasil uma verdadeira ditadura comunista e um regime inflacionário."

A reunião do Rio de Janeiro foi encarada pelo governo federal como um ato subversivo e chegou a ameaçar de intervenção a Associação Comercial fluminense. Como Alencar havia se destacado no evento, ele virou alvo de um boato que, felizmente, não se confirmou: o de que um grupo ligado ao presidente João Goulart sequestraria seu filho Josué. Era começo de 1964.

"O clima era de muita tensão. Por via das dúvidas, chamei meu pessoal e pedi para ficarem alertas. Nos armamos para a guerra", lembrou Alencar.

"Os militares viam as reformas propostas por Jango, como o então presidente era chamado, como uma preparação para uma revolução comunista. João Goulart propôs estatizações, reforma agrária e nacionalizações, e as Forças Armadas entendiam que era necessário romper com a Constituição para defendê-la daquela ameaça."

Em 31 de março de 1964, dia do golpe que depôs o presidente, Alencar deu de cara com o líder local do grupo que apoiava Jango. Como eles faziam muito barulho, o jovem comerciante protestou. Houve discussão e empurra-empurra, mas parou por aí. Alencar estava com um revólver na cintura, mas não chegou a usá-lo.

Em sua cabeça, Zezé imaginava que tudo aquilo terminaria por reconduzir ao poder Juscelino Kubitschek, seu grande ídolo político. Mas a história foi bem diferente. Não houve eleição, o ex-presidente foi cassado e os militares instauraram a ditadura. Controlaram tudo, censuraram a imprensa, os partidos políticos, torturaram e desapareceram com pessoas taxadas de comunistas, controlaram o Congresso Nacional e os rumos da economia.

O castelo de Alencar caiu. Não fora para aquilo que lutara. Ele não defendia regime totalitário. Mas ao trabalhar contra uma possível ditadura de esquerda acabou colaborando para a instalação de uma ditadura de direita.

Apesar da frustração, a política entrou pelas veias do rapaz. No ano seguinte, ele se candidatou à presidência da Associação Comercial de Ubá. Do outro lado, um adversário forte, Miguel Jacob Ibrahim, um homem conhecido, benquisto na cidade e que já havia sido presidente da entidade. Totalizando mais de trezentos eleitores, Alencar ganhou com uma vantagem de 51 votos.

Em franco desenvolvimento nos negócios, pela primeira vez passou a ser o representante máximo do interesse coletivo de sua própria categoria, ainda que numa cidade pequena. Reuniu-se com lideranças de várias categorias, com autoridades locais e estaduais e começou a gostar daquele exercício de poder. Sete anos mais tarde, chegou à capital Belo Horizonte, com o projeto da Coteminas no forno da Sudene. Assinou a ficha de filiação na tradicionalíssima Associação Comercial de Minas com planos de voar mais alto. Foi eleito diretor por várias vezes, mas aquilo não o satisfez. Alencar sabia que, se chegasse à presidência da associação, as portas da política se abririam definitivamente para ele, dada a força daquela entidade. A chance estava numa insatisfação de parte dos diretores com o modelo de sucessão no comando da casa. Sempre que um mandato estava no fim, o candidato natural era o primeiro vice-presidente, que, depois de cumprir seus dois anos regimentais, voltava a ser segundo vice-presidente. Era assim que a fila andava, num círculo vicioso. Aquele empresário bem-sucedido, sem os cacoetes dos mais antigos e com fama de moderno, era uma boa aposta. Alguns diretores capricharam nas loas ao colega da Zona da Mata. Apesar da imagem preconceituosa que os homens da cidade grande tinham de quem vinha da roça, Alencar não era nada bobo; sabia que o estavam estimulando para tentar quebrar uma forte tradição. Pois veio uma amarga derrota. Ele perdeu a indicação na chapa para o primeiro vice por 50 a 15.

A experiência intuitiva que adquiriu nos negócios o livrou de ficar deprimido ou remoendo o fracasso. Assumiu a presidência do Sindicato das Indústrias de Fiação e Tecelagem do Estado, a do Clube dos Diretores Lojistas e apontou sua mira para outra grande entidade, a FIEMG, a poderosa Federação das Indústrias de Minas Gerais. Chegou fazendo barulho. Participou ativamente das reuniões e discussões sobre economia. Sua vertigem com a alta taxa de juro do Brasil se manifestou aí. Eleito vice-presidente, assumiu várias vezes a presidência interina, dada a saúde debilitada do então comandante. Curiosamente, a cena viria a se repetir anos mais tarde, no cargo administrativo mais importante do país.

Com o acúmulo de interinidades no cargo máximo, Alencar acabou eleito presidente naturalmente. E o homem sacudiu a federação. Aumentou o número de sindicatos filiados, trouxe municípios pequenos para o mapa da entidade, desenvolveu projetos de ação comunitária e gratuita, implantou centros de apoio ao trabalhador e até ajudou a recuperar monumentos históricos no interior do estado.

Ao mesmo tempo que revolucionou a FIEMG, Alencar assumiu o cargo de vice-presidente da Confederação Nacional da Indústria ao lado do amigo Albano Franco e passou a viajar pelo Brasil. Em 1993, o bem-sucedido empresário têxtil foi estimulado pelo outro amigo Joaquim de Melo Freire, deputado federal, a mergulhar no mundo político: "Você não pode deixar de entrar para a política, você tem que entrar, você é uma pessoa que vai ser muito útil, você tem muito espírito público", disse o amigo.

Alencar não resistiu. No fundo, sempre quis aquilo. Ele se licenciou da FIEMG e fez o adiantamento de legítima, ou seja, dividiu entre os três filhos as ações da Coteminas. As duas filhas ficaram com ações sem direito a voto e Josué, com ações com direito a voto. Por decisão dele, o filho caçula já ocupava o comando da empresa havia quatro anos. No fundo, Alencar preparou o filho para substituí-lo e deixá-lo livre para fazer o que tanto queria.

"Eu fui para o campo político, onde você se realiza quando tem uma vitória num determinado projeto. Uma coisa é você tomar uma decisão dentro da sua empresa, a decisão é sua, está tomada. Outra é você tomar uma decisão vitoriosa na política, você ingressar com uma ideia e aquilo se transformar numa coisa que trouxe o bem-estar para as pessoas."

O empresário licenciado assinou a ficha de filiação ao PMDB e compôs a chapa única na eleição estadual do partido. O deputado federal Armando Costa foi eleito presidente e Alencar vice-presidente do PMDB mineiro. Os dois saíram pelo interior para organizar o partido. As viagens eram semanais, eles visitavam duas cidades aos sábados e outras duas no domingo, sempre de carro. Alencar participou de pequenas, médias e grandes reuniões, conheceu, trocou ideias com as principais lideranças do partido, vereadores, deputados, prefeitos e governadores. Foi conquistando a confiança dos correligionários. E logo na primeira viagem o horizonte começou a se abrir. Numa reunião em Sete Lagoas, um vereador e médico chamado Balu lançou o nome de Alencar como candidato a governador. Dali, foram para Abaeté, e a cena se repetiu. Brasinha, um dos líderes locais do PMDB, propôs que Alencar fosse o candidato do partido ao governo do estado. No dia seguinte, chegaram a Diamantina, e o prefeito Miraval Gomes fez o mesmo. Parecia coisa combinada. Foram para Curvelo, e o deputado estadual Dalton Canabrava repetiu a sugestão. E a onda só aumentou, entrava mês, saía mês. Mas o novo político conteve a euforia. Ele sabia que o partido tinha gente muito mais conhecida como candidato a candidato, como Newton Cardoso, o deputado federal Tarcísio Delgado e o senador Ronan Tito. De qualquer maneira, a semente havia sido plantada. Fermentou a ideia na cabeça, mas não falou sobre o assunto em privado, em casa, nem com a mulher.

"Parti do seguinte princípio: uma pessoa para dar uma opinião a respeito de uma decisão tem que ter a informação completa; se não a tiver, a opinião pode ser uma opinião de amor, mas não é uma opinião de valor. As pessoas que poderiam dar opinião são pessoas informadas, e a Mariza não era informada a respeito de política", justificou.

Depois de confabular com seus partidários, Alencar decidiu submeter seu nome à convenção do partido. No início, seus adversários eram Newton Cardoso e Tarcísio Delgado. No meio da campanha, o primeiro desistiu e apoiou o segundo. Dos catorze deputados federais de Minas, treze trabalharam para a candidatura do colega Tarcísio. Mas o que a cúpula não sabia era que a base do partido preferia o mineiro de Itamuri. A Assembleia Legislativa ficou lotada no dia da convenção.

"Me lembro bem daquele dia. Havia um movimento danado, um troço louco, e o pessoal do Tarcísio, todo o pessoal do PMDB antigo, tradicional, os deputados federais, eles gritavam: 'Tarcísio é povo! É PMDB!'. Atrás de mim vinham as mulheres também gritando. A Mariza, só ela, gritava: 'José Alencar, José Alencar!'. Eu vi aquilo e disse: 'Tô fodido!'."

Pois ele ganhou a indicação com mais de 150 votos de vantagem. Seu parceiro de chapa foi o senador Alfredo Campos. Ao sair da Assembleia, o vencedor foi cumprimentar seu eleitorado. Num dos bancos da praça em frente ao prédio estava sentado Armando Costa, o presidente estadual do partido que tinha levado Alencar para cima e para baixo pelo interior, mas que havia apoiado o candidato derrotado. Ele chamou o vitorioso e disse: "O senhor é o nosso candidato, o senhor venceu, daqui para a frente nós vamos trabalhar juntos!".

Mais do que trabalhosa, desgastante, a campanha foi um choque de realidade para Alencar. Ele percebeu que não teria a mínima condição de vencer. O partido estava rachado porque as lideranças questionavam o fato de um homem da roça, recém-

-chegado à política, que nunca tinha sido candidato a vereador, a prefeito, a deputado, já ser lançado para governador contra figuras tradicionais da política mineira.

"Uma coisa era a campanha para a convenção que era feita em salas, para um grupo de mil delegados do partido. Outra coisa era a campanha de rua, para 10 mil eleitores. Vi que eu não era conhecido."

O estreante teve 651 mil votos e ficou em terceiro lugar.

Foram para o segundo turno Hélio Costa, do PP, e Eduardo Azeredo, do PSDB. Apesar do resultado, Alencar sabia que sua história política estava apenas começando. Dizem que um homem para vencer na vida tem que aprender com as derrotas. E ele sabia que estava pavimentando seu futuro. Apoiou o vitorioso Eduardo Azeredo no segundo turno e voltou para a presidência da Coteminas. Seu escritório em Belo Horizonte continuou recebendo as principais lideranças mineiras.

Foi ali que, em 1998, ocorreu a definição dos candidatos do PMDB para as eleições. E foi ali que Alencar viu de perto o jogo rasteiro da política. No último dia para a entrega das fichas de inscrição de candidaturas, Itamar Franco marcou uma reunião com seu colega Newton Cardoso e os deputados federais Armando Costa e Aloísio Vasconcelos. Antes da chegada de Itamar, o governador Hélio Garcia, que estava no PPB, ligou e disse que apoiaria Itamar para governador se o PMDB o apoiasse para senador. Garcia era um homem forte no estado e, como o partido não tinha ninguém de peso para o Senado, todos os que ali estavam toparam. Itamar chegou depois e não gostou nada daquilo. Disse que só seria candidato a governador se Alencar fosse o indicado para o Senado.

— Mas eu??? Acabei de ser operado de câncer, tirei um rim e três quartos do estômago e ainda emagreci vinte quilos! Tô branco igual a uma camisa, não posso ser candidato.

— Então pode mudar a ficha — respondeu Itamar.

A reunião ficou tensa porque todos sabiam que a chance do PMDB ganhar o governo do estado estava em Itamar. Ligaram para o senador Arlindo Porto, amigo de Hélio Garcia. E este propôs a Alencar:

— Alencar, assina a ficha e vai como candidato ao Senado, registra sua candidatura. É hoje, tem que entregar até as sete horas da noite. Manda preencher a ficha e assina e manda os documentos, porque amanhã eu trago a palavra do Hélio Garcia, que vai dar apoio ao Itamar, e você então retira a sua candidatura.

Era para ser apenas uma manobra política para acomodar egos e ódios. Começaram a campanha e combinaram de não falar, nos palanques, em candidatura a senador, já que eles aguardavam o desfecho de Hélio Garcia.

"Nos meus discursos, eu apenas enaltecia o Itamar como nosso candidato a governador, não falava de mim. Nunca abri minha boca para falar meu nome como candidato a senador, e eles achavam que aquilo era meu estilo", lembrou o vice-presidente.

Quando a campanha chegou a Patos de Minas, uma menina de treze anos foi convidada a abrir os discursos. Sem saber de nada, ela falou sem parar no nome de Alencar para senador e contagiou o povo. Hélio Garcia desistiu, e o candidato "tampão", que deveria desistir segundo o combinado, virou candidato de fato. Mais que isso, virou senador.

Derrotas e vitórias

A PRIMEIRA TAREFA COMO senador foi se apresentar ao presidente da casa, Antonio Carlos Magalhães, que o recebeu muito bem. Alencar pediu para ficar no mesmo gabinete da ex-senadora mineira Júnia Marise, que ele havia derrotado na eleição. E pediu para fazer parte das comissões de Assuntos Econômicos e de Assuntos Sociais. Só que, antes de se embrenhar no novo trabalho, o senador mineiro decidiu observar. Fez o que sempre fez a vida toda.

"Em qualquer circunstância, se eu estou chegando num lugar pela primeira vez, procuro me inteirar, me informar, prestar atenção. Não participo de uma reunião conversando, telefonando ou lendo. Se eu queria ver como funcionava a casa, eu tinha que ouvir, e nem sempre as pessoas tinham a paciência que eu tenho para ouvir um discurso, dois, dez, vinte no Senado. Eu queria saber como funcionava tudo, o regimento, as comissões. Não participei apenas daquelas a que eu pertencia, participava também de outras reuniões de comissão, para saber como se tratava dos assuntos", ensinou.

Alencar fez amigos à direita e à esquerda. Tião Viana, Marina Silva, Heloísa Helena, Gilberto Mestrinho, Osmar Dias, Pedro Simon, Saturnino Braga, José Agripino Maia, Roberto Requião, Rames Tebet. Com eles, o calouro aprendeu muito. E de dentro do sistema conheceu a força do poder executivo. Mais que isso, conheceu sua primeira derrota. Um acordo fechado na Câmara dos Deputados chegou ao Senado estabelecendo um mínimo de 13% da receita dos estados para abater as dívidas com a União. Alencar propôs um projeto para, no caso de Minas Gerais, baixar para 5% para que aquilo não "matasse" o estado, não esvaziasse seu cofre. O relator da comissão Roberto Requião gostou da ideia e pediu para o mineiro mudar sua proposta e incluir todos os estados. O projeto foi aprovado na comissão, mas foi derrotado no plenário. O então presidente Fernando Henrique Cardoso jogou pesado com sua maioria e acabou com a proposta de Alencar.

Mesmo como senador, o político-empresário se manteve na vice-presidência do PMDB mineiro. E acabou assumindo a presidência estadual do partido quando o deputado federal Armando Costa teve que se licenciar do cargo para assumir a Secretaria da Saúde do Estado, a convite de Itamar Franco. O PMDB nacional estava dividido entre apoiar ou não o segundo mandato de FHC. O deputado federal Paes de Andrade era contra e buscava as oito assinaturas necessárias para convocar uma convenção e tentar derrubar a aliança com o governo federal. Faltava uma assinatura, e ele foi atrás de Alencar, que se recusou a assinar, já que não havia participado das discussões sobre aquele assunto. Sentiu um cheiro de armação. E seu olfato político estava correto. Diante da recusa, o vice-governador mineiro Newton Cardoso ligou para Armando Costa, que se exonerou do cargo de secretário, reassumiu a presidência estadual do PMDB e assinou o documento que Alencar se recusara a endossar. Logo depois, fez o caminho de volta à secretaria. Alencar rompeu com Itamar e se afastou de cargos no partido em Minas.

Mas o maior dissabor veio no fim de 2001. Eleito sucessor de ACM na presidência do Senado, Jader Barbalho foi obrigado a renunciar ao mandato por conta de denúncias de envolvimento em fraudes na Sudam, a Superintendência do Desenvolvimento da Amazônia. Como quem normalmente elege o presidente da casa é o partido com maior número de representantes, o PMDB deveria escolher o sucessor. E Alencar se interessou e foi estimulado pelos colegas. Era um cargo altíssimo, de projeção, era um "cavalo selado" que estava passando à sua frente. Correu de gabinete em gabinete. Dos 21 senadores do partido, ele contabilizou onze votos, o suficiente. Mas o presidente FHC queria um nome forte, um político profissional no cargo, e indicou o sul-mato-grossense Rames Tebet. Quem antes encheu a cabeça daquele mineiro "ingênuo" ficou em silêncio, assistindo de camarote ao que já estava traçado. Rames Tebet foi eleito, e Alencar teve apenas um voto.

"Até mesmo meus companheiros que me ajudaram na campanha viraram a casaca em cima da hora. Ninguém manteve a palavra. Eles é que inventaram. E eu nem vou citar os nomes, porque, se eu citar, vou ter que xingar! Não adianta você insistir porque eu não vou falar, isso aí você não vai me tirar nunca, o certo é que eles eram ao todo dez, comigo onze", esbravejou o vice-presidente.

Tão talentoso para os negócios, ele parecia um inocente indiozinho no meio de todos aqueles caciques da política. Não demorou muito e ele saiu do PMDB.

Os últimos passos de um vencedor 203

"Não dei recibo, imaginei naquele momento que o partido não me quis, e, se o partido não me quis, eu devo sair dele. Você vê, por isso é que política é destino, se eu não tivesse saído eu provavelmente não seria vice-presidente da República."

Ao mesmo tempo que se afastava do partido que o lançou, seu destino se aproximava de outro partido que o projetaria definitivamente na política. Provavelmente atraído pelo baixo custo, o PT escolheu, para fazer suas reuniões em Belo Horizonte, o Hotel Wembley, que Alencar havia aberto em 1984.

Quem várias vezes já havia se hospedado lá foi o então sindicalista Luiz Inácio Lula da Silva, mas os dois nunca se encontraram ali, porque o senador e empresário poucas vezes ia ao hotel. Ele já ouvira falar daquele homem que fundou o PT e que havia comandado as greves dos trabalhadores do ABC paulista. Embora não concordasse com algumas de suas opiniões, algo o atraía naquele barbudo.

"Eu sempre admirei pessoas que tomam posições, posições em que acreditam, e ele sempre acreditou na posição dele. O Lula era uma liderança que defendia muito bem a classe que representava, ele participava dessa classe, era um torneiro mecânico e um trabalhador. Mesmo que ele estivesse defendendo alguma coisa com a qual eu não concordasse, eu o respeitava, porque, afinal de contas, ele estava defendendo algo que era legítimo, o diálogo, isso é absolutamente natural e perfeito."

Alencar se lembrou dos tempos da Federação das Indústrias, quando chamou para conversar três sindicalistas considerados radicais, que nunca tinham botado os pés na FIEMG.

Lula e Alencar quase se encontraram em 1999. Lula foi a BH fazer uma palestra na Faculdade de Direito da Universidade Federal de Minas, a UFMG. Alencar queria de todo jeito ir ouvi-lo, mas os compromissos assumidos não permitiram. Em seu lugar foi seu assessor, Adriano Silva. O auditório estava lotado de gente de todo tipo, principalmente jovens. O sindicalista foi muito aplaudido. Esgueirando-se entre a multidão, Adriano alcançou o palanque e se apresentou a Lula: "O senador José Alencar, do PMDB daqui de Minas, queria muito vir, mas não conseguiu. Eu vim para representá-lo. Será que ele poderia cumprimentá-lo por telefone?".

Lula concordou, e os dois se falaram pela primeira vez. A conversa não rendeu muito, no entanto o mineiro que não dava ponto sem nó conseguiu o que queria: plantar uma sementinha na cabeça daquele protagonista da política brasileira.

No fim do ano seguinte, Alencar fechou o Palácio das Artes de BH para comemorar seus cinquenta anos de empresariado. Mandou convidar governadores, senadores, deputados federais, estaduais e os presidentes de todos os partidos políticos. A moça que organizava os convites teve uma dúvida:

— Senador, o PT tem dois presidentes.

— Como assim, dois presidentes?

— O deputado federal José Dirceu é o presidente executivo e o Lula é o presidente de honra. O que eu faço?

— Convide os dois.

Para disfarçar seu objetivo, Alencar disse à moça que, se houvesse outros partidos na mesma situação, que convidasse sempre os dois presidentes. Na verdade, ele queria falar para aquele nordestino de São Bernardo do Campo. Encantara-se com a história de Lula e notara muitas afinidades com ele. O interesse era tanto que decidiu fazer algo que o sindicalista adorava. Ele deixou o discurso preparado de lado e falou de improviso. Queria fisgar Lula pelo coração. Contou sua vida e, não por acaso, falou da união do capital com o trabalho.

O presidente de honra do PT quase não foi à festa. Na verdade, não queria ir:

— Zé Dirceu, eu não vou. O que eu tenho que ver lá? Por que eu tenho que ir na festa de cinquenta anos de empresariado de alguém que eu nem conheço? Vai você...

— Vamos lá, Lula. Ele mandou te convidar, tá esperando você.

— Mas para que um empresário do tamanho dele quer que eu vá na festa? É estranho...

Mesmo desconfiado, o sindicalista aceitou o convite. Sentou-se no meio da multidão, ao lado de José Dirceu. Lula foi uma das personalidades mais festejadas. Mas ele continuava apertando os olhos, esperando para ver onde tudo aquilo ia dar. Várias autoridades falaram. O assessor de Alencar foi até o político-sindicalista e perguntou:

— O senhor não gostaria de falar?

— Não, não, Adriano. Muito obrigado. Quem deve falar pelo partido é o Zé Dirceu. Vai lá, Zé! — sugeriu Lula.

O presidente executivo do PT cumpriu o protocolo. No fim, Alencar assumiu o púlpito e fez questão de fazer o gesto. Cumprimentou as autoridades uma a uma e disse:

— Está aqui nada mais, nada menos do que o grande brasileiro Luiz Inácio Lula da Silva!

Pegou o discurso preparado e o deixou de lado. E começou a desfiar o longo novelo da sua história. De Itamuri a Belo Horizonte, da infância pobre ao maior conglomerado têxtil do país. Arrancou lágrimas da plateia.

Lula, que chora até em parque de diversão, ficou emocionado com a história do empresário e identificou no sujeito uma série de afinidades com ele: "Era uma coisa tão semelhante à minha vida, tão próxima, nós éramos duas figuras que tiveram uma infância parecida, pobre, que se sacrificaram pra caramba na vida e que se encontram cinquenta anos depois. Um, grande empresário, e o outro, político saído da vida sindical".

Além das similaridades de vida, Lula também percebeu naquele empresário uma característica familiar, o pragmatismo. Para resolver algo é preciso dialogar, seja com quem for. Virou-se para José Dirceu, sentado a seu lado, e disse: "Zé, acabei de encontrar o meu vice".

O presidente executivo do PT ficou em silêncio.

"Ele deve ter pensado: 'Esse Lula tá delirando...'. O fato foi que eu saí de lá com a convicção de que eu tinha que convencer o Zé Alencar a ser o meu vice na chapa", contou o ex-presidente.

Se foi de cabeça pensada, Alencar nunca confirmou. Mas quem o conhecia desde há muito diz que ele preparou tudo com um objetivo. "Tio Zezé sempre pensou adiante. Ele sempre admirou o Lula e queria mostrar a ele que ambos tinham um passado parecido, de muita luta, com derrotas e vitórias", analisou Rodrigo Guarçoni, sobrinho-neto do vice-presidente.

Lula saiu entorpecido pela imagem de Alencar, mas não disse nada a ele. Aos poucos foi gestando a ideia na própria cabeça, depois entre os amigos mais próximos. Sabia que enfrentaria alguma resistência dentro do partido e que teria que conduzir aquilo com cuidado. Não comunicou logo de cara sua vontade ao partido para não queimar Alencar. Mas no segundo semestre de 2001 a pressão sobre os pré-candidatos aumentou, e Lula partiu para a definição da chapa. Foi a Brasília atrás daquele homem que o encantara na festa em Belo Horizonte. Entrou no gabinete do senador e o encontrou muito irritado. Alencar estava inconformado com a traição dos colegas no episódio da escolha do sucessor do presidente da casa. Lula ouviu o desabafo, contemporizou e deu a tacada:

— Zé, você não quer ser meu vice na chapa?

A ira acabou ali. Alencar arregalou os olhos, o sangue começou a circular mais depressa, até que ele sorriu. E Lula emendou:

— Mas, se você topar, vai ter que sair do PMDB.

Foi a deixa para sair do partido que lhe passara a perna. Lula então o convidou para entrar no PT.

— Perfeitamente, é uma honra para mim, mas isso não soma. Temos que aumentar a aliança com outros partidos.

— Tá bom. Deixa que eu arrumo um partido para você — respondeu Lula.

O pré-candidato do PT saiu animado com o resultado da conversa, embora Alencar não tivesse dado uma resposta enfática. Coisa de mineiro, coisa de comerciante.

"Nós estávamos viabilizando aquela ideia. Eu não sou assim, de assunto 'tá fechado', não. A gente prossegue, vai levando. Por exemplo, você chega aqui e fala: 'Me vende esta cadeira'. Perfeitamente. Não quer dizer que eu já vendi a cadeira, nós não conversamos sobre o preço da cadeira..."

O tal "preço da cadeira" eram dois. Primeiro, era preciso conseguir um partido que possibilitasse uma aliança nacional com o PT, uma exigência da legislação eleitoral que impôs a verticalização. Se dois partidos fossem juntos para a disputa nacional, teriam que ir juntos também nos estados. Segundo, era preciso aprovar o nome de Alencar dentro do PT.

Lula e José Dirceu foram conversar com o PL, e o presidente do partido, Waldemar da Costa Neto, convidou Alencar. O mineiro gostava da sigla e tinha muitos amigos de Minas no partido. Em 4 de outubro de 2001, exatamente um ano antes da eleição, o senador deixou o PMDB e assinou a ficha de filiação no PL.

Enquanto preparava o caminho mais ousado de sua curta vida política, um adversário surgiu em São Paulo. Não no campo político, mas no pessoal. Exames revelaram um tumor maligno na próstata. A glândula foi totalmente retirada, junto com o câncer. Se esse era um problema, deixou se ser.

A chapa Lula-Alencar foi colocada em discussão no PT. Houve protestos. A senadora Heloísa Helena, que mais tarde deixaria o partido, esbravejou. Outros também. Na oficialização da chapa, no auditório do Anhembi em São Paulo, um grupo de jovens vaiou quando o candidato a candidato a vice foi chamado para falar. Aos 71 anos, o homem deu uma lição nos meninos: "Quando eu tinha a idade de vocês, eu já estava na estrada da vida, sozinho, emancipado, lutando para vencer, dormindo no corredor de uma pensão".

O improviso calou os rebeldes, e ele terminou ovacionado. E, no final, prevaleceu a vontade de Lula.

Começou aí a grande tarefa de Alencar: quebrar resistências. Até dentro de casa. Dona Mariza nunca viu com bons olhos aquele assanhamento do marido com a política: "Antes de me contar, ele me pediu para sentar. O José sabia que eu não o queria mais na política. E ele foi aos poucos me contando, me convencendo...".

O homem tinha seu talento, conhecia os caminhos da persuasão. Mas nunca perguntou aos familiares o que eles achavam. O prato já vinha pronto.

"A minha família, naturalmente, sabia que as minhas decisões eram decisões firmes", falou o comandante.

Lula e Alencar começaram fazendo campanha juntos. Quando o senador conquistou a confiança do PT, os dois se separaram para cobrir o maior número de municípios e regiões. Para reduzir o preconceito com o barbudo petista, o vice na chapa botava em campo sua ideologia de empreendedor.

"Eu dizia: 'Essa história de empresário e trabalhador serem adversários é um erro brutal. Quando você fala em empresário, pressupõe-se que esteja tratando de alguém à frente de uma empresa. E o trabalhador, o que é? É um adversário da empresa? O trabalhador é o maior aliado da empresa onde trabalha. Não existe nenhum trabalho que possa ser produtivo se o trabalhador for contra o que faz, contra o trabalho que realiza. Não pode ser assim!'."

Quando o candidato a vice percebia que a plateia estava interessada, ele seguia adiante com o proselitismo.

"A empresa não é a fábrica, nem os jardins, nem as paredes, nem as máquinas, nem as instalações. A empresa são os trabalhadores e, antes de tudo, as pessoas."

E Alencar punha o dedo na ferida. Falava daquilo que os empresários mais temiam em Lula: "A greve é uma forma de reivindicação salarial absolutamente legítima. Isso não significa que o trabalhador seja contra a empresa. Eu não fui patrão a vida toda, não, eu fui empregado. Eu vou dizer: o trabalhador às vezes gosta mais da empresa que o próprio patrão. Ele passa mais tempo lá do que o dono. Então você não pode considerar o empregado um adversário, ele é um aliado, ele é a própria empresa".

Não era da boca para fora. Alencar sempre acreditou naquilo. E quanto mais expunha seu ponto de vista, mais encantado Lula ficava com ele, e vice-versa. Durante a campanha, o senador-empresário emprestou seu avião e até reservou a melhor suíte do seu hotel, em Belo Horizonte, exclusivamente para o companheiro de chapa. "Não tinha luxo nenhum. Era apenas um quarto grande, com uma varanda grande", lembrou o ex-presidente.

A campanha teve o desfecho que todos sabem. Após três derrotas, Lula conseguiu chegar à presidência. Depois de perder para governador de Minas e para a presidência do Senado, o novato Alencar deu um drible desconcertante nos "catedráticos" da política e alcançou o segundo posto mais importante do executivo público brasileiro. Dois homens tão diferentes e tão parecidos.

Nove anos depois, emocionado ao falar do amigo e companheiro que morria em São Paulo, o ex-presidente disse: "Ele foi a pessoa mais decente que eu conheci, de um caráter excepcional e de uma lealdade a qualquer prova. Todas as vezes que ficou no meu lugar, leu letra por letra antes de assinar qualquer documento. Quando tinha dúvida, me ligava. Se eu tivesse encontrado o Zé Alencar antes, eu não teria perdido tantas eleições".

O vice foi um parceiro. Nos momentos mais difíceis, ficava sempre ao lado do presidente. Quando estouraram as denúncias do "mensalão", a mesada que parlamentares receberiam para votar a favor do governo, alguns deputados e senadores começaram a falar em *impeachment* de Lula. E esses parlamentares estavam preocupados com a possibilidade de o presidente cair e o vice assumir, porque achavam que Alencar era mais de esquerda que o próprio Lula. Ao ouvir aquilo, o vice entrou no gabinete do presidente e disse: "Presidente, não se preocupe. Eu estou e estarei com o senhor aconteça o que acontecer. Se o senhor sair, saio junto".

Nos oito anos de mandato, o ex-menino pobre de Itamuri ocupou a presidência do país por 504 dias, um ano e quatro meses. E, lendo letra por letra, assinou 2.131 documentos como o chefe máximo do executivo. A profecia de seu Domingos Schettino, o dono da padaria de Caratinga que ficava em frente à sua primeira loja, realizou-se. O homem chegou lá.

O infarto e o traslado

A CONVERSA FLUÍA TRANQUILAMENTE quando a enfermeira entrou no quarto.

— Já está terminando a bolsa. Eu vou dar uma injeção no senhor.

— Mas já terminou a químio?

— Já, presidente.

— Então põe outra bolsa porque a entrevista ainda não acabou!

Gargalhada geral. Saímos para o procedimento e não retornamos mais. Alencar adormeceu e não falou mais nada para este livro. Felizmente, já tínhamos o suficiente. O vice ficou mais uns dias em São Paulo, perto do hospital, até se recuperar dos efeitos do tratamento. Se não podia fazer campanha na rua para a candidata Dilma Rousseff, gravava. Quatro dias após deixar o Sírio-Libanês, ele apareceu no programa eleitoral do PT dizendo que a ex-ministra tinha todas as condições de dar continuidade ao governo Lula.

Dilma ia bem e Alencar ia mal. A menos de uma semana para o segundo turno, ele teve que retornar à UTI por causa de uma obstrução no intestino. Os médicos decidiram pelo tratamento clínico, com soro e alimentação parenteral. Funcionou, ele voltou a se alimentar pela boca e assistiu à vitória de Dilma. A serenidade reapareceu. Mas só para ele.

No jornalismo há uma máxima: quando o dia está muito tranquilo é sinal de que algo ruim está para acontecer. É a maneira masoquista que todo jornalista tem de se manter alerta. Foi assim naquele 11 de novembro de 2010. Alencar estava no quarto do hospital despachando com seu chefe de gabinete, Adriano Silva, quando o mundo começou a girar. A respiração ficou mais difícil, os olhos começaram a fechar.

— Adriano, não estou me sentindo bem. Estou zonzo, com falta de ar...

O assessor deu um pulo da cadeira. O vice-presidente estava pálido, sem forças sequer para segurar a cabeça. Chamou o dr. Paulo Hoff, que chegou em seguida.

— Dr. Paulo, estou com uma dor aqui — disse o vice-presidente, levando o punho fechado em direção ao peito.

Era o sinal de Levine, o gesto clássico de pacientes que estão com problemas cardíacos graves.

— Ele está infartando! — avaliou o oncologista.

Repetiu o diagnóstico no telefone para o dr. Roberto Kalil. Acostumado às emergências, o cardiologista atravessou correndo a rua que separa seu consultório do hospital, de telefone em punho avisando sua equipe. Chegou ao quarto 1106 ofegante.

Alencar estava branco, assim como o oncologista e o assessor.

— Vamos levá-lo para a UTI! Depressa! Paulo, empurra a cama!

Kalil agarrou a barra da frente da cama e puxou. A manobra foi tão destrambelhada que mandou pelos ares a mesa do segurança, com copos e garrafas d'água, que ficava na porta. Viraram à direita no corredor. Paulo Hoff empurrava com tanta força que Kalil não conseguia acertar a rota. A cama bateu com força na porta de outro quarto. A pancada foi tão forte que reanimou o paciente, que mal conseguia respirar. Alencar levantou a cabeça e disse:

— Desse jeito vocês vão me matar mais cedo! Assim eu não chego vivo na UTI!

Quando chegaram ao elevador, todos os seguranças do vice-presidente entraram primeiro, e sobrou pouco espaço. O dr. Kalil olhou para aquilo e disparou:

— Mas o que vocês estão fazendo aí?

— Temos que descer com ele — respondeu laconicamente o chefe.

— Uma ova! — gritou Kalil. — O homem está morrendo! Saiam daí!!!

Sobraram alguns impropérios na "troca de guarda" no elevador.

Quando chegaram à UTI, já estava tudo pronto. Os médicos conseguiram reverter a crise, e os exames não mostraram nenhum entupimento.

"Foi um espasmo provocado pela quimioterapia. Um dos remédios irrita as paredes da artéria e ela se fecha, por alguns instantes, como um mecanismo de defesa", ensinou o cardiologista, que, àquela altura, parecia ele mesmo um pós-infartado.

Falar é preciso

Os medicamentos estabilizaram os problemas cardíacos. Mas e agora? O que fazer? Se tomasse os quimioterápicos, o coração podia não aguentar. Se não tomasse, o tumor cresceria ainda mais. A opção foi voltar com a quimioterapia em doses menores.

Dois dias depois do infarto, Lula e Dilma chegaram de um giro pela Ásia e foram direto para o hospital. Ficaram meia hora com Alencar, que pareceu bem disposto. Tanto que cinco dias mais tarde teve alta.

"Vou descansar um pouco. Sair do hospital e entrar em uma rotina caseira, isso pode fazer bem", disse ele.

Mas não ficou nem 24 horas em casa. Com uma anemia intensa, ele teve que passar por uma transfusão de sangue. Apesar de sentir-se melhor, o paciente começou a se convencer de que estava entrando num beco sem saída. A quimioterapia foi suspensa, e "o bicho" voltou com tudo. Com uma nova obstrução no intestino, ele foi parar na mesa de cirurgia pela décima sétima vez. Mais tumores saíram e menos intestino ficou. O homem que sempre se recuperou rápido dessa vez ficou mais tempo na UTI porque o único rim estava sentindo demais tudo aquilo. Teve que passar por sessões de hemodiálise para a máquina fazer o que o rim já não conseguia: filtrar o sangue. Mesmo com todas as complicações, o vice-presidente assumiu a presidência interina em 4 de dezembro. Foi a última vez. Só saiu do hospital depois de passar 25 dias internado.

O Natal se aproximava. Uma data que para Alencar tinha boas e más lembranças. Seu irmão mais velho morrera e seu filho caçula nascera no dia de Jesus Cristo. Mas o que estava reservado para ele não era nada bom. Na madrugada do dia 22, o vice-presidente sentiu-se mal em casa. Acordaram os médicos porque ele estava sangrando muito. Foi um transporte dramático. Chegou de ambulância e entrou carregado na maca. Tinha perdido três litros de sangue, metade do total que o ser humano costuma ter no organismo. Dias depois ele me diria:

"Foi o pior momento de todos. Senti que eu estava desfalecendo, como se alguém me tivesse tirado da tomada. Foi horrível."

Os médicos precisavam descobrir onde estava o ponto do sangramento. E rápido. Fizeram uma endoscopia para ver se era no estômago. Nada. Fizeram uma colonoscopia para verificar se era no intestino. O dr. Raul Cutait tentou identificar o ponto, mas o paciente não parava de sangrar. Até que o cirurgião jogou o colonoscópio longe e disse: "Não dá! Tem que ir para a cirurgia!".

Não havia alternativa. Alencar foi preparado e levado para o centro cirúrgico pela décima oitava vez. Os médicos começaram a abrir o abdômen, cortaram a pele, a gordura, mas não conseguiram abrir a cavidade abdominal. Os órgãos estavam grudados uns nos outros e endurecidos. O risco de morte na mesa de cirurgia era altíssimo. Fecharam sem tamponar a hemorragia. Numa tentativa desesperada, partiram para uma angiografia, uma espécie de cateterismo no intestino. Injetaram contraste para tentar encontrar a origem da hemorragia. O médico angiografista conseguiu achar um dos pontos e o fechou. O sangramento intenso diminuiu, e Alencar continuou tomando bolsas diárias de sangue novo.

A posse de Dilma era dali a uma semana, e Alencar queria ir de qualquer jeito. Havia prometido a Lula, oito anos antes, que desceria com ele a rampa do Palácio do Planalto. Virou uma obsessão. Lula e Dilma diziam a ele para não se preocupar, mas, na verdade, queriam muito que os médicos o liberassem, como um último desejo. O debate na equipe médica foi tenso. Eu mesmo presenciei uma das conversas. Estávamos na lanchonete, cinco doutores e eu. Claramente divididos entre a emoção e a razão, eles não chegaram a um consenso. Depois de muita discussão, prevaleceu a posição de não autorizá-lo a ir. O risco era altíssimo, já que Alencar não conseguia nem ficar em pé. Quanto mais subir a escada do avião, ficar exposto à altitude, diferença de pressão, às intempéries, à multidão. E se acontecesse uma tragédia? Quem se responsabilizaria?

Mas o homem era duro na queda. No dia 31, pediu ao filho para comprar uma gravata e um par de sapatos Ferragamo. Vestiu-se para mostrar que estava apto. Josué estava tentado a fazer a vontade do pai. Os médicos entraram em pânico.

O dr. Roberto Kalil então chamou dona Mariza e sentenciou: "Dona Mariza, ele não tem condições de ir. Por favor, fale com ele".

A companheira de Alencar não queria que ele saísse. Entrou no quarto e, diante do marido vestido para a festa, disparou:

— José, estou com você há 53 anos. Eu quero te dizer uma coisa: se você for à posse, vou me separar de você.

Silêncio total. A cena que veio a seguir foi de cortar a alma. Alencar olhou para a mulher e disse:

— Mas você eu não posso contrariar, Mariza. Se você não quer, eu não vou.

E começou a tirar a roupa lentamente. Teve gente que saiu do quarto para chorar lá fora. Até que uma assistente do dr. Paulo Hoff deu uma ideia.

— Presidente, já que a imprensa toda está lá embaixo, por que o senhor não desce e dá uma entrevista coletiva e grava uma mensagem para a presidente?

Foi oxigênio na veia. Ele se animou com a sugestão, vestiu-se de novo e falou com meus colegas pela última vez.

Sentado na cadeira de rodas estava um homem vestido com um terno escuro que parecia dois números acima do seu figurino. Visivelmente abatido, Alencar ainda tentou passar uma imagem de força.

— Eu estou pronto! Eu estava pronto para sair daqui à uma da tarde, embarcar no aeroporto à uma e meia e chegar lá em Brasília às três e no Palácio do Planalto às quatro, horário da solenidade de posse. Terminada a cerimônia, eu voltaria imediatamente para São Paulo. Mas não estou dando um passo, eu não paro de pé. Estou exaurido, os medicamentos me exauriram.

Os jornalistas pouco falaram. O depoimento era dramático demais. Todos sabiam que o vice-presidente queria muito descer a rampa ao lado do presidente Lula.

— Estou na expectativa de, no próximo dia 3, retomar o tratamento contra o câncer. Estou tratando de vários problemas provocados pelos efeitos colaterais da medicação, mas meu caso não é esse. Meu caso é o câncer. O Lula me disse hoje que ia fazer de tudo para eu ir e estava tudo pronto. "Se você não vier, eu vou ter que ir aí", ele me disse.

— O que o senhor pretende dizer ao presidente Lula quando ele chegar? — perguntou um colega.

A voz quase não saiu. A resposta veio num triste sussurro:

— Mais uma vez muito obrigado, presidente, pela sua atenção, pela sua amizade. E me desculpe por não ter podido estar presente à nossa grande festa.

O vice-presidente fez questão de não esconder a frustração por não ter condições mínimas de descer a rampa com Lula. E, sem saber se daria outra entrevista coletiva, começou a agradecer a todos os que cuidaram dele. E as emoções se misturaram.

—A gente aprende, quando passa por uma temporada como essa minha, de dezessete operações [na verdade foram dezoito], a começar a conhecer a nobreza do pessoal engajado em saúde pública. Vocês só podem conhecer isso se passarem pelo que eu tenho passado... Outra coisa que aprendi muito aqui foi a importância da humildade. Eu tenho pedido a Deus que me dê um pouco de humildade, que é a mais importante das virtudes. Você está na UTI, está sob cuidados médicos, entubado, mas sua cabeça está pensando. Minha mulher me falou: "Você não pode, de forma alguma, contrariar os médicos e ir a Brasília. Não tem cabimento porque você não está em condições". Eu sei que estou em condições de sair daqui, ir até lá e voltar. Mas ela acha que não. Então tudo bem.

Nem sempre Alencar foi cordial com os médicos. Lula e Dilma foram testemunhas de reclamações do vice: "Esses médicos inventaram tudo isso. Eu não sinto nada! Eu já podia estar em casa", dizia, bravo, o paciente.

Eu mesmo ouvi desabafos de gente da equipe médica diante daquelas lamentações. Eles entendiam que Alencar falava para si mesmo. Mas médicos não são máquinas, nem sempre são frios como as letras dos livros de medicina. Na verdade, aquele homem não gostava de ser contrariado. Sempre mandou, liderou, mostrou o caminho. No caso da doença, não pôde dar as cartas. Pressionou diversas vezes para sair do hospital e voltar para casa. Pressionou para ir a compromissos. Pressionou para comer o que não podia. Sempre acompanhado de vários médicos, quando via que não havia alternativa melhor, cedia. E aí obedecia com obsessão. Na maioria das vezes, ouviu o que não quis como prognóstico. Porém, ele sabia que seu inimigo não eram os médicos e, sim, aquele danado do sarcoma. Com ele, Alencar não pôde. Bem que ele tentou, mas todos nós sabemos o final dessa história.

Um colega jornalista percebeu que a entrevista parecia uma despedida e arriscou:

— Presidente, tem algo na sua vida que o senhor não fez e gostaria de fazer?

Com bom humor, ele respondeu:

— Ah, isso tem sempre. Por exemplo, uma das coisas que eu gostaria era de ser presidente da República. Eu agora estou com 79 anos. Na eleição que vem, em 2014, eu terei 83. E, com 83 anos, o máximo que eu posso querer é disputar mais umas três ou quatro eleições. Mas para o legislativo. — Os colegas riram, emocionados, e Alencar justificou a brincadeira: — O estado de espírito afirmativo é a maior força com que um paciente pode contar, até mesmo para os médicos. Porque, se o paciente já entra com o estado de espírito negativo, ele está perdido.

A FUGA

RECUPERADO EMOCIONALMENTE DA FRUSTRAÇÃO causada por sua ausência na festa da posse em Brasília, Alencar só saiu da UTI nove dias depois da coletiva à imprensa. A hemorragia no abdômen foi controlada, mas não parou totalmente, e, por isso, ele seguiu recebendo bolsas de sangue todos os dias. Mas sua maior "arte" estava sendo planejada em silêncio. Duas semanas se passaram e chegou o dia 25 de janeiro de 2011, aniversário de 457 anos de São Paulo. Na prefeitura, Alencar seria homenageado pela presidente Dilma Rousseff com a medalha 25 de Janeiro, uma honraria a quem colaborou com a cidade de São Paulo.

— Você leva o vice para a cerimônia? — perguntou o cardiologista Roberto Kalil para sua assistente, a dra. Ludmila Hajjar.

— Levo, sim.

— Então monte toda a estrutura.

No carro foram Alencar, seu assessor, Adriano, os dois médicos e o motorista. Atrás, a ambulância do hospital com todos os equipamentos necessários em caso de emergência. Entre si, os médicos haviam combinado que aproveitariam aquela saída para testar o paciente. Chamaram de *test-drive*. Ele sairia e voltaria ao Sírio-Libanês, onde ficaria por mais dois dias se tudo corresse como previsto.

O auditório da prefeitura estava lotado. No palco, prefeito, governador, Lula e Dilma. Sentado numa cadeira de rodas, Alencar se emocionou ao receber a honraria. Na hora da sua fala, brincou:

"O presidente Lula me lembrou que os discursos devem ser como os vestidos das mulheres. Nem tão curtos que nos escandalizem, nem tão longos que nos entristeçam..."

E riu com a plateia. O homem que sempre gostou de falar não sabia, mas estava fazendo seu derradeiro discurso e sua última aparição pública.

"Todo mundo está rezando para mim, torcendo a meu favor. Então, se eu morrer agora, tá bom demais. Eu não posso me queixar. Mas eu tenho que fazer a minha parte, eu estou lutando para não morrer. E estamos vencendo..."

Quando a homenagem terminou, os médicos voltaram com Alencar para o hospital. Assim que o carro parou em frente à porta principal, o dr. Kalil saiu rápido do carro e disse para sua assistente e para o ex-vice-presidente.

— Vamos, vamos!

Ainda sentado no banco de trás, Alencar olhou para a dra. Ludmila e comunicou:

— Eu não vou! Eu não vou descer. Ludmila, eu estou sonhando com o arroz com feijão de casa...

A médica não teve alternativa.

— Kalil, ele quer ir para casa.

— Não, Ludmila. Pode acontecer alguma coisa e a culpa vai ser nossa!

— Deixe-me levá-lo para casa, Kalil.

Quem ficou sem alternativa foi o cardiologista.

— Tá bom. Mas você vai junto e traz ele de volta assim que terminar o almoço. Eu vou mandar a ambulância ir atrás.

— Não precisa. Ele está bem, eu vou examiná-lo lá e te ligo.

A médica já tinha matado a charada. Alencar estava armando para não voltar ao hospital. No apartamento, o vice estava tão feliz que, apesar do calor, não quis tirar o terno. Mostrou com orgulho a medalha que acabara de ganhar. Preocupado, o dr. Kalil ligou várias vezes.

— Ele está bem, fique tranquilo — disse a médica.

O dia tinha sido reservado para se realizarem os desejos do paciente. Alencar disse que queria comer uma massa de um restaurante específico e tomar vinho. Pediram, por telefone, um *penne* com carne e a bebida. Almoçaram com ele dona Mariza, os filhos Josué e Maria da Graça, dois netos e a dra. Ludmila. Assim que terminou, Alencar virou para a médica e disse:

— Agora eu quero deitar na minha cama.

Era o ato final do plano. Cansado, o ex-vice-presidente dormiu como havia muito não fazia. Deitou-se às três e meia da tarde e só acordou às oito e meia da noite. Na saída, a médica atravessou o pelotão de jornalistas em silêncio e voltou para o Sírio-Libanês. Junto com a equipe médica, reuniu os exames, os medicamentos e levou tudo para o apartamento dos Gomes da Silva. O que era para ser um bate e volta rendeu quinze dias no conforto de casa.

Visitas

No dia seguinte à escapada do hospital, fui vê-lo em casa. Ainda na calçada, os seguranças me abordaram. Rádio para lá, rádio para cá, e o grande portão de ferro do prédio se abriu. Avancei com o carro até o segundo portão, que só abre quando o primeiro fecha. Vi os porteiros agitados com telefones na orelha. Mais um pouco e fui autorizado a entrar.

Apertei o número três no painel do elevador. Nada. A engenhoca só funciona quando o morador libera o andar. Nada que mais telefonemas não resolvessem...

Na entrada do apartamento encontrei Adriano, a "sombra de Alencar".

— O presidente Lula acabou de sair. Por pouco você não o pega aqui — disse ele.

"Alencar deve estar cansado", deduzi. A sala de estar era grande, com vários ambientes e móveis clássicos, tipo colonial. No caminho para o quarto dele atravessei um corredor cheio de fotografias: solenidades, festas, gente importante, casamento, batismo, inauguração de fábrica. Não havia dúvida. O homem que estava nas fotos viveu intensamente.

Numa sala ao lado alcancei dona Mariza, o amor da vida de Alencar. Parceira de 53 anos, foi ela quem decidiu tudo, inclusive quem podia e quem não podia estar ali.

— Ele está meio grogue. Tomou uma dose de uísque com o Lula no almoço — explicou ela.

— E a senhora deixou?

— Os dois insistiram tanto que eu deixei. Mas estou preocupada...

As visitas do ex-presidente se tornaram ainda mais frequentes com o agravamento do quadro clínico. Eram um santo remédio para o paciente. Alencar adorava Lula, adorava a sua franqueza, a sua simplicidade e a sua cumplicidade. Quando ele chegou ao apartamento, o dono da casa disse à mulher:

— Mariza, vou tomar meu remédio.

— Mas que remédio, José? Você não está tomando mais nada...

— Meu melhor remédio chama-se uísque! Pega o meu Buchanan's!

Mas não havia. Ele não tomava aquele "remédio" fazia muito tempo. Então veio um Logan 12 anos. Tomaram e conversaram na sala. Alencar estava com a mesma roupa que usou quando o vi na cama em Brasília: camiseta branca e short azul. Almoçaram e tiraram fotos com outras duas joias de Alencar, suas cozinheiras.

Quando cheguei ao fundo do apartamento, vi que o quarto de Alencar havia se transformado numa UTI. Tinha uma cama idêntica à do hospital e uma equipe completa de enfermagem, 24 horas.

Encontrei o ex-vice-presidente deitado numa outra cama, enorme, majestosa, com pilares de madeira nos quatro cantos, como aquelas camas da Babilônia, sem o véu. No criado-mudo, Nossa Senhora da Graça seguia firme, ereta, olhando para ele. Do lado direito do largo colchão, um corpo franzino, amarelado e aparentemente esgotado. "Está em sono profundo", concluí. Engano meu. Lentamente, ele abriu um olho e me mandou sentar na poltrona, a três metros da cama. Adriano me orientou a limpar minhas mãos com o álcool em gel instalado na parede.

— Como está se sentindo, presidente?

— Feliz — disse ele, enrolando a língua e com os olhos fechados. — O Lula almoçou comigo e nós tomamos um "golo" de uísque. Fazia tanto tempo... Só ele para conseguir isso. Ele é fora de série, um colosso! É irmão. Veja você, Burnier, ele tem tantos compromissos, tantos convites e larga tudo para me ver, para jogar conversa fora comigo.

— E a saúde?

— Tô lutando. É muito difícil... Essa doença não é brincadeira.

Com dificuldade, Alencar me contou que havia desistido da quimioterapia. Como o tratamento não surtiu mais efeito, ele preferiu seguir como estava, sem os desagradáveis efeitos colaterais da medicação.

Pela primeira vez, vi Alencar "abanar a toalha".

— Estou nas mãos de Deus — balbuciou ele.

O "touro" emagrecia a olhos vistos. Mas seguia buscando o dia seguinte. Alencar não disse mais nada. Do jeito que estava, ficou. Adormeceu. Pisquei para Adriano e saí.

Já tinha visitado inúmeras vezes aquele homem. Mas dessa vez fiquei arrasado. Saí em silêncio, engolindo em seco, com "água" nos olhos. Adriano percebeu e desceu comigo.

— Ele está no fim — falei baixinho.

— Não há mais o que fazer — completou o assessor.

Voltei para casa e liguei para o dr. Paulo Hoff.

— Paulo, acabei de vê-lo. Está acabando...

— Tá difícil mesmo. Mas, em se tratando de Zé Alencar, eu não falo mais nada. Ele derrubou todas as minhas previsões.

Uma semana depois, fortes dores no abdômen levaram Alencar de volta ao Sírio-Libanês. Nos monitores da sala da tomografia, os médicos viram o que não queriam. O tumor, a essa altura incontrolável, havia perfurado uma alça do intestino delgado e provocado uma peritonite, uma infecção na cavidade abdominal. Era um quadro muito grave, já que, se o problema não fosse controlado, a infecção poderia se espalhar para outros órgãos e sair do controle.

As veias de Alencar receberam três doses diárias de antibióticos. E Nossa Senhora da Graça se mudou de novo para a UTI do Sírio-Libanês. Mais uma vez se esperava pelo pior a qualquer momento. Na maioria dos casos, quando vaza material do intestino para dentro da barriga, as bactérias provocam um quadro infeccioso difícil de ser controlado. Aí vem a septicemia, ou sepse, a infecção generalizada que leva à falência múltipla de órgãos. Mas Alencar definitivamente não fazia parte da maioria...

Dois dias depois, o homem já recebia visitas e conversava longamente. Vieram Lula, Dilma, amigos e eu. Encontrei o ilustre paciente sentado, desperto e bem menos amarelo. Não tinha dor nem náuseas. Tinha, sim, a mesma incrível vontade de ver o que vem depois.

— Sigo lutando. Sei que está cada vez mais difícil — disse-me ele.

— O senhor continua rasgando páginas dos livros de medicina, presidente. Ninguém consegue explicar mais o seu caso...

Os olhos dele se encheram de orgulho. E ali, na frente da família, Alencar comunicou:

— Sabe, Burnier, tenho pensado muito na morte esses dias. Cheguei à conclusão de que estou pronto para morrer...

Paramos de respirar por alguns instantes. Na sala, nove pessoas. E só se ouvia o som dos aparelhos. Os olhos meigos daquele senhor de 79 anos estavam presos aos meus. Eram olhos de um homem cansado, com o corpo retalhado e mentalmente esgotado.

Depois de um longo silêncio, tentei reanimá-lo.

— O povo continua torcendo pelo senhor, presidente.

Ele levantou a cabeça e disse:

— Eu devo muito a toda essa gente. Vamos em frente.

— Fique com Deus — despedi-me.

Levantei e caminhei para a saída. A tentação de olhar para trás foi irresistível. A ideia de que eu poderia estar vendo Alencar pela última vez invadiu a minha cabeça. Eu me virei, mas ele não olhou para mim. Nunca mais.

O que parecia uma sentença virou um bom presságio. Pelo telefone, fiquei sabendo de mais um "milagre" no prontuário daquele paciente. E o mensageiro foi o dr. Paulo Hoff.

— O Alencar tem uma linha direta com o homem lá em cima!

— Isso nós já sabemos, Paulo. O que houve agora?

— Ele tem tanta sorte que o próprio tumor, ao crescer, tampou o local do vazamento no intestino. A inflamação está sob controle. Por enquanto, ele está escapando de mais uma crise.

Sorri e respirei fundo.

— Deus do céu! — foi o que consegui dizer.

— Ele mesmo, Burnier. Vai se preparando. O Alencar é uma vela que vai se apagar aos poucos. Pode esperar...

— A essa altura, nem sei mais o que é melhor para ele...

Aceitação

Mais de um mês se passou, e o quadro clínico seguia grave, mas estabilizado. Os médicos e os filhos de Alencar decidiram deixá-lo voltar para seu apartamento. Era tudo o que ele queria: morrer em casa ao lado da família. Antes de sair, o ex-vice-presidente chamou, um a um, todos os médicos e enfermeiros para agradecer pelo que tinham feito por ele e para pedir desculpas por qualquer rebeldia.

"Olha, eu estou indo porque não tem mais o que fazer. O Paulo me disse que não tem mais remédio para o meu tumor, que cresce a cada dia. Mas, na minha cabeça, eu só penso no que vou fazer para pagar vocês. E peço desculpas pelos meus momentos de revolta."

Alencar alcançou o Olimpo. A resignação teve várias versões, uma para cada médico. Todas com a mesma mensagem triste e serena. São poucos os pacientes terminais que chegam até aí, à aceitação.

Quem me ajudou a entender melhor essa capacidade de Alencar de encarar a morte de frente foi o professor Miguel Srougi. O urologista já fez mais de 3.500 cirurgias de câncer de próstata, preparou-se, como muitos médicos, para salvar vidas, mas teve que aprender a lidar com pacientes terminais.

"O grande temor na vida é o medo da morte e do sofrimento físico. Quando o paciente vislumbra a morte, ele sofre por vários motivos. Por medo da dor, da decadência física que nossa mente não aceita, por perder o grande papel social que tem, porque acha que vai deixar a família desamparada, sem proteção, e por não saber o que vem depois da morte. Os motivos dos sofrimentos são sentimentos. Ninguém sofre porque vai deixar de andar de iate ou de viajar para uma ilha bonita. O processo não é material."

O professor citou uma pesquisa feita pela psicóloga suíça Elisabeth Klüber-Ross, autora do livro-referência *Sobre a morte e o morrer*, para explicar que quem tem certeza de que está no fim quer mais é ficar perto da família, das pessoas que ama. O principal motivo pelo qual a gente não quer morrer é o medo de se afastar da família. Alencar não teve medo da dor, nem da perda do papel social e tampouco da independência para comer e se lavar. "Ele teve sentimentos tão ricos que conseguiu relevar o sofrimento e a decadência física. Enfrentou a morte com naturalidade, criou o estoicismo, a impassibilidade diante da dor e do infortúnio, e a resistência contra o sofrimento. Para ele, a morte era coisa do destino."

Klüber-Ross entrevistou quinhentos pacientes terminais e chegou ao conceito das "cinco etapas da morte". A primeira fase é a da negação. O doente nega para si mesmo que aquilo esteja acontecendo com ele. O dr. Miguel Srougi ensina que, nessa etapa, o médico tem que dar um tempo para que o paciente assimile a notícia de que tem um problema irreversível.

"O médico deve ser sempre realista, mas não pode descarregar, de cara, todos os seus conhecimentos técnicos sobre a doença, o quadro clínico, as fases do tratamento. Naquele momento, o paciente nem te ouve, ele está atordoado. Há que se respeitá-lo e dar-lhe tempo."

A segunda fase é a da revolta, em que o doente se pergunta "Por que eu?", se acha uma vítima do destino. Nessa hora, o médico tem que mostrar que há formas de lutar contra a doença e que eles vão lutar juntos.

A terceira etapa é a da barganha, em que o paciente aceita qualquer coisa para continuar vivo. É o momento em que ele apela para tratamentos alternativos, espirituais e experimentais. O vice-presidente se candidatou a ser "cobaia" de um medicamento ainda em testes nos Estados Unidos, mas não foi atrás de nenhuma aventura "milagrosa". Porém, Alencar barganhou o quanto pôde. Quando uma opção de tratamento não dava certo, ele logo buscava uma alternativa. Nessa etapa, o médico diz ao paciente: "Ok, faça o seu tratamento, mas faça o meu também".

A quarta fase é a mais complicada, a da depressão. Não há o que fazer. O médico fica sem ação. "É a fase do silêncio. É mão na mão, olhos nos olhos e botar a família do lado do paciente. Não tem nada que o faça sair da depressão. A família fica de luto e contagia todos", explica o dr. Miguel.

Os médicos afirmaram e eu testemunhei. Alencar pulou essa fase, nunca foi visto deprimido, chorando pelos cantos pela proximidade de algo cada vez mais inevitável. Ele foi direto para a última etapa, que poucos alcançaram: a aceitação.

"É o momento em que o paciente diz: 'Eu não estou triste porque vou morrer, mas pelo que deixei de fazer em vida'."

Pois a vida se foi. Fosse quem fosse, quem esteve sintonizado na Globo, no dia 29 de março de 2011, perto das três da tarde, viu a apresentadora Fátima Bernardes interromper a programação e chamar um repórter que, ao vivo, deu a notícia da morte de Alencar em primeira mão. Não por acaso, fui eu.

Voltar

Na porta do Sírio-Libanês, tão logo saí do ar, os jornalistas começaram a correr. Como fogo em gasolina, a notícia se espalhou rapidamente. A confirmação oficial da morte de Alencar veio dez minutos depois, num boletim médico. Subi de volta para a UTI atrás de novas informações. No caminho, pela escada, vi funcionários do hospital chorando pelos cantos. A comoção era geral. Alencar deixara marcas profundas naquela gente. No mesmo corredor onde eu recebera a notícia da morte, juntei-me aos médicos. Estavam todos ali, em silêncio. Não havia muito a dizer. Depois de tantas internações, de tantas crises, a última tinha sido rápida.

Na segunda-feira, dia 28, um dia antes da morte, Alencar havia passado muito mal. Quase não dormira de tanta cólica. Seu último desejo, de morrer em casa ao lado da família, não foi possível. Ele foi internado naquela segunda-feira, por volta do meio-dia, com um quadro gravíssimo de peritonite (inflamação provocada por perfuração no intestino), obstrução intestinal e uma série de complicações secundárias.

Os médicos decidiram dar morfina de quatro em quatro horas, em doses controladas, que aliviavam a dor e provocavam uma leve sonolência. No quarto da UTI estavam o oncologista Paulo Hoff, o cirurgião gástrico Raul Cutait e a cardiologista Ludmila Hajjar. A médica cutucou Alencar e disse:

— Oi, presidente. A gente está aqui.

Mesmo com aparência de dor, o homem abriu um sorriso e respondeu:

— Nossa, Ludmila, que bom te ver! Você está aí?

A médica tentou animá-lo:

— Fique tranquilo, presidente. O senhor vai ficar bem.

Não foi suficiente. Ele levantou os olhos na direção do dr. Raul e sentenciou:

— É, Raul, se vocês não estão me dizendo nada é porque a minha situação está grave mesmo...

Virou a cabeça para o outro lado e dormiu.

Os médicos sabiam que não havia muito mais o que fazer. Mantiveram o antibiótico, as pequenas doses de morfina e desistiram de fazer os exames. Na companhia do filho e da mulher, Alencar passou a tarde alternando cochilos com momentos de lucidez. À noite, a médica voltou para vê-lo.

— Como o senhor está?

— Não estou com dor.

— Está tranquilo?

— Estou tranquilo...

Eram dez da noite, e Alencar acabara de pronunciar suas últimas palavras. Nada mais verdadeiro. Um mês antes, ele havia me dito, ali mesmo, que estava pronto para morrer. E, durante toda a sua cruzada contra o câncer, ele sempre deixou claro que não tinha medo da morte. A cabeça de Alencar se entregou, finalmente. E o corpo veio atrás. Naquela madrugada, todos os parâmetros clínicos usados para avaliar um paciente começaram a cair. Pela manhã, pressão arterial, ritmo de respiração e batimentos cardíacos entraram em queda livre. No início da tarde, a médica não tirava os olhos do monitor. Por minuto, o coração batia apenas trinta vezes, depois vinte, depois dez e... parou. Os dedos, indicador e médio, da dra. Ludmila foram direto para o pescoço do paciente. Lentamente escorregaram para um lado, depois para o outro. Eles procuravam algum movimento da artéria carótida direita, um soluço que fosse. Mas não havia pulsação. Era o fim.

A médica foi a primeira testemunha ocular do epílogo de uma bela história. Uma lição de amor à vida que começou às nove da manhã de um lindo sábado de primavera, em 17 de outubro de 1931, e terminou às 14h41 de uma terça-feira típica de verão, em 29 de março de 2011.

Quando saiu pela primeira vez de casa, aos catorze anos, com uma malinha de madeira, três mudas de roupa e um sapato furado, Zezé ouviu do pai um ensinamento do qual nunca mais se esqueceu: "Meu filho, o importante é poder voltar".

Para um menino que debutava na vida, a mensagem ainda parecia incompreensível. Mais tarde, já homem, entendeu o recado. Para poder voltar de cabeça erguida, onde quer que tivesse passado, era necessário ser correto, fazer o que era certo, ser solidário. A rigidez de caráter foi o grande legado do pai e o norte de Alencar. Reduzido a pó pela cremação, Zezé foi levado numa pequena urna de louça fina para o seu lar, onde tudo começou. O pequeno povoado de Itamuri estava em silêncio. Na igrejinha, onde fora batizado, uma cerimônia simples. Sua grande companheira, o amor de sua vida, o carregava como um bebê. Ao lado do altar, no lugar onde a mãe dele sempre rezava pelos filhos, uma lápide com a frase do pai e o "berço" de Zezé, um buraquinho no chão. Ali foi depositado, "à direita de Deus pai". Dona Mariza suspirou. Estava triste, estava aliviada, estava em paz.

"Ele voltou."